高李麗珍女士口述：見證時代的恩典

高李麗珍 口述
謝大立 訪談撰述
潘妙萍 整理記錄

高李麗珍生於一九三二年，生父許水露牧師，生母陳金杏。麗珍在許家排行第三，上有姐兄各一，下有七個妹妹、一個弟弟。出生時，母親生病，乃由大姨陳金梅（適李識情）代為照顧，因大姨膝下猶虛，遂收養她。大姨去世後，守寡的三姨陳金絨（適江和榮）為繼配，所以大姨、三姨都是她的養母。在竹仔門、關仔嶺兩公學校各讀三年，初一到初二上學期讀高雄女中，下學期轉入彰化女中。初中畢業唸高中部，高二到日本金城學院高中部就讀，再唸短期大學。

一九五八年與高俊明牧師結婚，育有一子二女，婚後隨夫到花蓮玉山神學院協助教學工作。

一九七〇年高俊明牧師接任台灣基督長老教會總會總幹事，舉家遷至台北。一九七九年爆發美麗島事件，一九八〇年四月二十四日夫婿在自宅被捕。一九八三年參與增額立委選舉，遭國民黨作票，在第四選區高票落選。自此開始活躍於國內外各宗教、社運團體，參與成立許多婦運組織，同時擔任許多普世教會機構的重要幹部，「走出家庭走入社會，走出台灣走入世界」。

推薦序一（按收稿順序排列）

沙漠中開出的奇花

中央研究院台灣史研究所前所長　許雪姬教授

《見證時代的恩典足跡：高李麗珍女士口述實錄》一書的修訂本即將出版，這是謝大立牧師在二〇〇三至二〇〇五年間訪問高牧師娘所完成的作品，已於二〇一〇年出版。我有幸在二〇一四年獲贈，即迅速看完，除了很受感動外，也慶幸能完整地了解她七十歲以前的人生。謝牧師去年寫信告知，今年會再版修訂本，並請我寫推薦序。為了不辱使命，最近再看一次修訂本，得知牧師娘的近況，特別感謝上主的鴻恩，使她在耄耋之年仍然健康喜樂。

這本書不論就口述史、女性史、基督教史、個人傳記方面多別具意義。

一、就口述史來說：台灣在一九六〇年代後才展開口述訪談，做為補足文字資料的手段，起先均以來自中國的官員、重要人物為口述標的，幾乎很少有台灣人受訪。七〇年代中華民國不再是聯合國的一員，中國已不是「我國」，台灣人對未來前途之焦慮感，使得台灣意識油然而生。一九九一年政府為了平反二二八，在進行相關研究報告撰寫時，不能不進行受難者及其家屬的訪問，以平衡滿紙叛亂的檔案。以口述史做為人民史觀來修正黨國史觀，乃沛然而興，多元聲音於是出現，幾乎沒有不能進行訪談的研究主題。台灣進入眾聲喧嘩的多元文化進程，打破許多禁忌，留下林林總總的史料，以備後人使用。歷史的解釋權，慢慢回到人民的手中。我常告訴我教過的學生，如果你的論文引用過口述歷史，你一定要進行訪談、留下紀錄做為回饋。我自己長久以來，一有時間、機會就進行口訪，做學生的榜樣。謝牧師發願進行牧師娘的口述訪談，獨具慧眼，是踐行口述史的先驅。

二、就女性史而言：由 history 一字即知，女性的歷史從未被重視、甚至忽視，主要以為只有男性才是歷史的重心，又缺少女性的相關資料，即使想研究，也找不到有用的資料所致。以漢人男性為主所修的族譜，完全沒有記載女兒，除非招贅；妻子只有王氏、張氏，大半沒有名字，更不論其籍貫，家族史的研究從來只有半套。半個世紀以來女性的角色漸受重視，台灣在近二、三十年來，女性史研究也逐漸熱門，出版了《中國婦女史研究》期刊，但其中台灣婦女的相關研究有限。本書的出現，就是研究一位傑出女性最好的材料，相信以後一定有人參考。

三、就長老教會歷史來說：長老教會還算重視歷史，但限於人力、財力，需要努力之處甚多。雖然在研究沙漠中也開了一些奇花，不過對宗教人物，除了有自覺性的牧者留下回憶錄外（如早期胡文池、吳銅燦），對教會史也不關心，總會亦無相關規定，如每二十年要修教會史一次，平時如何保存資料、收集資料。如果不講究，等到要修史找不到資料才慌忙進行口述歷史，那就太遲，有些關鍵人物已受寵召，要問也來不及。需知一間間教會的歷史，就是具體而微的長老教會歷史。由一向被忽視的牧師娘做起，本書就是範例。

四、就個人傳記而言：撰寫個人傳記最好的資料是傳主的日記和回憶錄，日記是當時人記當時事，獨一無二的史料；傳主自撰的回憶錄價值連城；不過回憶錄只表達傳主想要傳達於世人的理念和事蹟，並不了解外界對他的一生行事哪些有興趣，故有所不足。如果透過訪談者加入，提出讀者感興趣的話題而獲得回答，則此一完成的口述史既可保留作者原想要表達的，又可回應外界的需要，一舉兩得。再加上口述歷史以口語化來表達，更容易閱讀。換言之，本書既是牧師娘自己對她一生的詮釋，既是史料，也是歷史本身，名為口述歷史，實等同傳記。

本書中的高牧師娘，是一位平實、有智慧的女性，她為了獻身於主的工作，勤於學習語文，做為溝通人群的口譯者，此一特質在當代婦女界較為少見。她又選擇傳道者做為人生的伴侶，在高牧師任職玉山神學院培育原住民兄弟；任台灣基督長老教會總幹事（1970-1989）時，長老教會發布的三個攸關台灣前途的宣言；在救助美麗島事件中藏匿施明德而在監四年，背後都有她的強力支撐。除了家庭日常的種種辛勞外，她還走出家庭、進入社會，加入運動團體，投入救援娼妓、終止童妓，關懷年老、在台為人妻的日本婦女等工作。在高牧師入獄期間，她受邀參加基督教、女性的相關會議，成為台灣女性的代表，自台灣走向世界；此外代夫出征競選增額立委，以高票落選，雖敗猶榮。解嚴後她更積極參與社會、宗教活動，甚至在二〇〇〇至二〇〇八年民進黨執政時，被聘為無任所大使，以彰顯她在國際上的能動力。如上的事蹟，經她娓娓道來，展現出基督徒的信仰與韌性，女性特有的對家庭、社會、國家的關懷，也有在教育子女上的反省以及有五個「媽媽」的神奇，是一本值得閱看的書。

我之所以為這本書寫序，主要原因是我曾和本書的主角有過接觸。

一九九一年八月二十二日我以行政院研究二二八事件小組之下的「工作小組」成員的身分，在台南訪問過牧師娘，乃因二二八事件在高雄的受難者中，有她長兄及兩個表兄。從她那裡第一次了解前金教會李幫助牧師，如何協助受難家屬找到遺體，並在前金教會為一起受難的六個基督徒舉行葬禮。長老教會牧師在政治最肅殺的時代，仍挺身而出，與會友一起承擔苦難，基督徒的愛，沒有比這個更大了。在牧師娘選立法委員時，我也出現在她台南的造勢場，期望她能當選，遺憾的是我當時戶籍已遷到台北，無法投她一票。

本書即將出版，但盼謝牧師和我一起努力修訂的版本，能更準確地傳達牧師娘過去的生涯。謹為之序。

許雪姬

二〇二四年五月八日

高李麗珍的奉獻人生

台灣基督長老教會歷史委員會主委　王昭文博士

有次到林子內教會，看到辦公室牆上有張放大的黑白老照片，跨越水圳的竹橋上坐著幾位婦女，中間有個六、七歲的女孩，還有個嬰兒。蕭瑞巧牧師說：「這裡面有你認識的人，猜猜看？」可是我猜不出來。原來那位小女孩是高李麗珍牧師娘！

看到那張照片時，才知道高李麗珍女士的童年是在林子內度過，她的養父李識情傳道曾在此務農，養祖母林宇是當地人。林子內是位於台南白河的農村聚落，近年在蕭瑞巧牧師的努力下，以「心靈故鄉」號召人們來此親近上帝，建起一座靈修會館，服務需要心靈安歇的人們。這是一處很有靈性的地方，靈修會館建立之前，和家人經常走訪此處。讀過這本謝大立牧師採訪紀錄的口述歷史，那張老照片上的小女孩麗珍，和我在許多場合見過的高牧師娘形象重合——一位擁有不平凡人生的台灣女基督徒，是世界各國認識台灣教會與人民的重要象徵人物，底蘊乃是純真、敬虔、樸實的農村女孩。

經歷過美麗島事件的台灣人，都知道高俊明牧師和高李麗珍牧師娘。一九八〇年高牧師被捕後不久，每個禮拜的《台灣教會公報》刊出高牧師從獄中寫給太太和同工的信，鼓舞信徒的心，令大眾認識並敬愛這對夫婦。那段期間，高俊明牧師是舉世皆知的良心犯，高李麗珍牧師娘成為高牧師的代理人，受邀參與普世教會機構、拜訪友好教會，為台灣教會與社會做許多事。她關心政治受難者家屬，並協助成立義光教會，後來她也和許多政治受難者家屬一樣出來參選，不過卻高票落選，而未能進入政界。在高牧師出獄後，她仍繼續活躍於普世教會及人權工作上。這是大眾所知道的高李麗珍。

少女麗珍原本的夢想是做一位女宣教師，她曾在日本跟著來自挪威的袁姑娘向鄉間勞動者傳福音。面對家庭責任不能不選擇婚姻，她的原則仍是要找能夠一起傳福音的牧者，於是她選擇了高俊明牧師。兩人在共同的人生目標下決定攜手共度一生，可說是乘以二的奉獻人生。婚後她陪丈夫在玉山神學院培養原住民傳道人，很符合她的理想，但之後因為牧師到總會擔任總幹事而搬到台北，之後的經歷越來越超乎想像。

少時她經歷兄長枉死於二二八事件的慘劇，為人妻母之後又經歷丈夫為義受逼迫而入監，這些經歷讓她對正義、人權有敏感的意識，加上原本就準備好的奉獻心志，不難理解她為何可以從家庭主婦變成教會領袖及社會行動家，毫無窒礙。你會發現她的一貫性，那就是無論在甚麼處境，得時不得時，就是盡力愛上帝愛人、努力傳福音。

閱讀此書，不僅看到這位不凡女性的信仰見證，更有許多重要的歷史場景紀錄，如一九四七年二二八事件中兄長之死、一九八〇年高牧師在家中被捕的實況、一九八三年參選增額立法委員選舉的複雜狀況……，各種細節歷歷在目，留下進一步追溯的線索。

高李麗珍女士不僅講述自己的故事，透過她的描述，我們也認識了她的婆婆高侯青蓮，一位不容忽視的教會婦女領袖。婆媳接力在婦女事工上的付出，相當難得。也看到她有段時間同時照顧三位老人家：養祖母、養母和婆婆，以及三個孩子，單是這點就令人佩服至極。她在孩子身上也用很多心，談到女兒們的部分特別令人感動。透過她描述家人，呈現跨世代的教會婦女群像，十分美麗。

胡慧玲二〇〇一年在《十字架之路——高俊明牧師回憶錄》中特別放了一部〈牧師娘之歌〉，以高牧師娘的敘述來補充寡言的高牧師未說的部分，並建議有人為高牧師娘做專門的口述歷史訪談。幸得謝大立牧師二〇〇五年在百忙中完成高李麗珍女士訪談，留下珍貴史料。現今重新修訂出版，更是大功勞一件。

透過這本書，希望更多人認識長老教會與台灣民主化的歷程，體會敬虔信仰的力量，願意傾聽、訴說屬於女性的生命故事。

高李麗珍是坐在兩婦女中間的那個小女生（左二），坐在她左邊較年長的婦女是她的第一位養母，也就是她的大阿姨李陳金梅女士（感謝蕭瑞巧牧師提供照片）

歷經「流淚谷」變為泉源之地

義光教會退任長老　李勝雄律師

本人非常樂意並感到榮幸來推薦這本《見證時代的恩典足跡：高李麗珍女士口述實錄》修訂版的新書。至少有下面的三大原由：

第一：本人自四十四年前認識高李麗珍長老即高俊明牧師娘，在美麗島軍法審判後發生的藏匿施明德案件，我負責聘請辯護律師開始接觸被告家屬，第一位就是高俊明牧師的家後——高李麗珍長老。然後，發生於次年一九八〇年二月二十八日林義雄律師母親及雙生女兒被謀殺之住宅，高李麗珍長老及本人和鄭兒玉牧師等牧長一起籌設義光教會，一九八二年復活節正式成立堂會，她和我還有田孟淑長老擔任首屆小會長老。

因此，在此本新書中她口述在此期間的經過也為本人熟知，人如其文，她在患難中對上帝的信心及對其他受難家屬的關懷愛心行為，非常感動人及激勵讀者愛人如己，都有美好見證。

第二：本書見證了台灣女性的偉大，有如聖經舊約的路得及以斯帖，以及新約的馬利亞，在患難中能忍受一切勞苦甚至歧視、羞辱，單獨養育自己年幼的子女長大成人而各有成就。尤其，於一九九七年全國律師公會接受二二八司法界受難的法官、檢察官、律師的家屬捐贈政府賠償金中的二百二十八萬元而成立二二八司法公義金委員會，由本人擔任主任委員至二〇二三年。在此期間親自接觸受難家屬失去丈夫的婦仁人，親聞所見她們養育孤兒的辛苦過程，也見證了上帝照顧孤兒寡婦的經過及上帝的祝福及於子孫，此種台灣女人的偉大，無與倫比，高李麗珍長老活生生的見證從本書中詳述無遺。令人感動之餘，更能體會受上帝眷顧祝福的台灣女性之光榮實錄，足為後人所欽敬的典範。

第三：這本書見證了上帝的公義及憐憫，由於有如高李麗珍長老和諸多受難的偉大女性，實現了上帝的應允：「耶和華為孤兒寡婦伸冤。」高李麗珍長老為台灣的不少貢獻亦為我不知道而更為欽佩的事蹟，應驗了詩篇八十四篇6節：「**他們經過『流淚谷』，叫這谷變為泉源之地；且有秋雨之福蓋滿了全谷。**」誠哉斯言。一切歸榮耀予上帝。

李勝雄　鄭重推薦如上

二〇二四年五月二十日

（台灣新總統副總統就任日）

女性　敘說　群體

這本書是從筆者十多年前撰著的《見證時代的恩典足跡：高李麗珍口述實錄》重新編輯、修訂的作品。當年（二〇〇三至二〇〇五年間）訪談整稿時，刻意保存受訪者台語的口語表達，僅稍做修辭調整。此次重新出版為顧及讀者的多元性，特意轉換成多數人易讀易懂的文字呈現，以期發揮傳播歷史經驗的最佳效能。修訂本內容沒有太多變化，僅在第二章一開始增補一段高牧師和牧師娘的對話，回顧相識時的趣聞。附錄的〈晚年生活〉，記述他們晚年的生活點滴，該文撰寫於二〇二三年底，由女兒高黎香代筆。另外在註腳文字說明上，擴充了幾則與歷史背景相關的人事物，以期在不影響受訪者的本意下，協助讀者掌握口述歷史的敘事脈絡。修訂過程發現當年的書稿有許多疏漏、誤植的部分，為著自己過往專業不足所造成的出版缺陷，特此向讀者和當事者致歉。該次修訂版盡力更正、補強，感謝許雪姬教授給予指正並補充相關文獻，督促我更加嚴謹地探究歷史敘事的脈絡。

歷史敘事需要藉由再現才得以展現對群體敘說的影響力，適逢高李麗珍女士九十三歲大壽之際，口述記錄得以重新出版深具意義。主流出版社願意承擔再現的重責大任，相當難能可貴。近年來，「女性書寫」與「書寫女性」日益受到重視，成為人文學科研究量能的重要指標。看似抒發自身生命歷程的女性敘說，卻也傳達了群體的共同經驗，揭示歷史的時代性意涵。高李麗珍女士的敘說文本正是最有力的明證，其生命歷程充分展示了台灣近代史的縮影，歷經日據時期、國民政府據台、以及政黨輪替等變遷。期間，父親許水露牧師遭受日本政府迫害，兄長許宗哲在二二八高雄事件罹難，夫婿高俊明牧師在美麗島事件波及下遭受軍法審判入獄。環境雖然動盪險惡，她仍積極參與婦女、兒少保護運動，甚至觸及普世教會以及世界人權組織，在在展現堅忍勇敢的台灣女性形象。陳述內容廣泛涉及人權、宗教議題，包括白色恐怖、婦女、兒童、原住民、在台日人以及普世合一運動（Ecumenical Movement）等豐厚多元的敘事，值得作為入門台灣近代史的引路書。

記得，當年在新書發表會中，聽聞女性領袖自告奮勇地向牧師娘獻議：「這本書若是由女性來進行訪談記錄必定更加深入豐富！」當下我心想，終於有人願意進廚房了，十分期待有不同視角的書寫作品出爐。然而，隨著時間流逝，仍未見相關的作品出版，所以此次才又野人獻曝重修舊作。事實上，口述歷史製作是相當吃力不討好的工作，過程耗時費力，在沒有任何奧援之下更是所費不貲，孤軍奮戰實屬不易。若真有人願意投入，不論身分、性別為何，都應該給予最大的支持與鼓勵，以便呈現更豐碩、多元的紀錄成果在讀者的眼前。

事實上，早在我投入婦女生命史研究之初，就曾收到異樣的關愛眼神提醒：「唔～你一個男性在跟人家做什麼婦女研究？怎麼不找一些對你比較有利的研究主題來發揮？女性生命史就留給姐妹們自己去研究吧！」其實，一個男性投入婦女研究會遭遇自身性別的限制，這點我並不擔心，研究者只要清楚知道自己所受的限制，並經常帶著如此的認知謹慎論述，那應該就足夠了。真正令人憂心的是，聽到那些看似認真、好意的提問，卻深藏著性別隔閡的偏見。這不禁令人吃驚，怎麼台灣教會兩性平權教育推動了幾十年，還會出現這類嘲諷、揶揄的言論呢？試問，「誰不是娘生的？」為何我們總是只會唱著「哥哥爸爸真偉大……」？難道娘就不偉大嗎？娘的生命經驗就不該受重視嗎？娘的貢獻就不如爹爹所代表的男性嗎？更何況，身邊有著妻、女、姐、妹，難道她們的生命歷程都不值得去瞭解、探究、記錄嗎？難道「她的歷史」就不是歷史？正因為存在著這些鄙視、看輕的言語，更使我相信自己的選擇是有意義的，所做的研究會有長遠的價值。

如今修訂版得以如期出版，首先要感謝高牧師娘李麗珍女士以及家族成員的信任與支持，允諾重新出版修訂本。感謝撰寫推薦文的專家學者：中央研究院台灣史研究所前所長許雪姬教授、台灣基督長老教會歷史委員會主委王昭文博士以及人權律師李勝雄長老，他們的筆墨豐富本書的詮釋視角。感謝台灣神學研究學院提供孕育研究、成書的溫床，其中當年主催「口述歷史系列」出版的鄭仰恩教授促成該冊首度面世；現任校長蔡慈倫教授認同重新修訂再出版的異象。感謝吳信如博士當年幫忙搜集相關書信、照片，充實了全書的歷史感和臨場感。感謝主流出版社社長鄭超睿先生、編輯洪懿諄小姐的全力支持，好友林秀美小姐提供寶貴的修訂意見。感謝愛妻妙萍一直是我從事口述歷史的忠實夥伴，她經常是默默付出而不居功。

誠願這本小書能為台灣推動轉型正義盡棉薄之力，好使「上帝公義之光」照亮台灣人的心靈！

謝大立　於溫哥華台灣基督長老教會

二〇二四年四月七日

（台灣言論自由日，鄭南榕殉道三十五週年紀念）

她的腳蹤何等佳美

「教育一個男人往往只是教育一個人，若教育一個婦女，可以教育整個家庭。」這是婦女台灣民主運動（Women's Movement for Democracy in Taiwan，簡稱 WMDIT）的基本信念。此一信念在艾略特（Brian Elliotty）在〈傳記、家庭史與社會變遷研究〉一文也有類似的觀察：「關於婦女在社會流動過程中所扮演的角色，可能很難從如此有限的資料裡成功地將其概化，不過似乎已有明顯的證據可以支持：在大部分的家庭中，母親對子女的理想與期望，表現得較為明顯，也比父親所表達的更為具體。」在基督徒信仰養成的歷史脈絡中，往往也是如此。許多時候，影響子女信仰人格較深的，往往是名不見經傳的婦女們。她們常常以務實的態度面對信仰、以無比的耐心愛護家人、以實際的行動展現對鄉土的情懷。此一傳承信仰的力量，時常在歷史學家的書寫中被忽略或遺忘了。另外，婦女對教會的參與及貢獻往往不亞於男性，不論是對服事的委身、對奉獻的熱忱、或是在信仰生命的見證，處處都可窺見婦女的腳蹤。然而，這些婦女用生命所留下的佳美腳蹤，卻不易在過去的歷史中被欣賞、被閱讀。原因並非婦女不夠投入或沒有付出，而是在歷史書寫的過程中，婦女並未受到該有的重視。

不過，遺忘了的，不等於不存在；過去不重視的，如今不該重蹈覆轍。當代教會有責任花加倍的力量，使曾經處在歷史邊緣的婦女，大步地走入主流歷史，展現女性主體的完整性及獨特性。台灣教會在高喊神學「本土化」或「實況化」的同時，是否應當先補齊台灣教會失落已久的婦女史料，才不致使所要建構的神學再次遺漏婦女的聲音及見證。正如潘蜜拉（Pamela Dickey Young）所指出的：「關注婦女的歷史經驗，那麼便能以婦女的歷史補充以往的父權歷史。這麼一來，亦為神學添加新的模式、新的問題，以及新的證據。」

筆者就讀台灣神學院道學碩士班時的論文即是以人物傳記研究製作「謝緯歷史」，在撰寫的過程中就已意識到謝緯生命中的女性——太太與母親——對其重要性及影響力，因此特別留意將他們的生命互動一併編織羅列，原本以為如此的努力已相當重視婦女在歷史書寫中的地位及分量。然而，在公元二〇〇一年該論文以書名《謝緯和他的時代》出版後的一個夜晚，我再次翻閱已凝固的文本，赫然發現我無法較完整的拼湊牧師娘——楊瓊英醫師——的生命史。那次的閱讀經驗使我再次反省歷史敘事主體性的問題，雖然書寫謝緯時我有意識到女性在歷史中的地位及貢獻，但終究是在書寫謝緯。既然書寫的主體性是謝緯，謝緯就成了唯一的敘事主體，那就很難兼顧到其他角色的主體性，若要真的讓其他角色的主體性呈現，唯一的進路是採取多元的主體敘事，即是讓每個人講自己的故事。如此的認知鋪陳了筆者書寫婦女生命史的重要動力。也就是說，若要講女性的生命故事，就必須是以女性為主體來發聲、來敘事，而非只是在書寫男性的歷史時隨筆提及罷了。本文即是依隨一九九八年的書寫地圖，繼續以口述歷史實踐來完成女性生命史的書寫工作。

二〇〇〇年筆者結束二年在鳳山西門教會的牧會工作，進入東南亞神學研究院神學碩士班重拾學生的生活。期間花了二年修課，也同步閱讀這些主題相關書籍與研究成果，竟然發現在當時的歷史神學作品中，尚未出現研究本土教會婦女的生命史，因而激起筆者的研究動機。

二〇〇三年當我在思考論文研究的訪談名單時，第一位浮現在我腦海中的即是高李麗珍牧師娘，在電話聯絡中她很爽朗地表示樂意協助我的論文研究。事實上，筆者自一九九六年開始學習口述歷史製作，第一位訪談對象正是高俊明牧師，因他是謝緯牧師任總會第十六屆議長時的副議長。一九九六年七月十九日晚上，我前往台北大安區瑞安街高府拜訪高牧師，進門後高牧師與牧師娘就親切款待，那是我第一次與高牧師娘見面認識。事實上，在我與她見面認識之先，她和高牧師的信仰見證早已深烙在我的生命底層，而在研究學習的過程中能得到他們的協助更是我無比的榮幸。

二〇〇三年五月二十七至二十九日、七月二十五至二十六日，以及二〇〇五年三月二十二至二十三日我陸續前往台南府前一街高宅進行口述訪談製作，前後共錄製二十個小時的訪談內容，期間在整稿過程中更是多次得到高牧師娘的審定及增補。二〇〇五年十月我通過東南亞神學研究院神學碩士論文的審查，順利完成學位。原本以為可以很快在一兩年內將這些口述資料整理出版，但因個人服事的緣故，自二〇〇六年十月至今我人都在南洋一帶參與海外跨文化宣教的事奉，所以遲遲未能加快出版的進度。如今終能完成出版的工作，心中如釋重負，一了我對受訪者多年來的虧欠。

高李麗珍牧師娘的生命歷程中，親歷了日據時期父親遭受無妄的牢獄之災，二二八事件中喪失兄長之痛，先生在美麗島事件遭遇政治迫害的苦難。若將她的遭遇做一歷時性的串聯，不難發現這些政治受難的經驗，從日據末期的軍國主義，到國民黨戰敗轉進台灣所造成的二二八事件，以及二二八之後隨著清鄉所延續的白色恐怖，到八〇年代的美麗島事件。在在見證高壓統治下，警察國家的特務組織是如何地藐視人權，為了鞏固政權、維護領導中心，寧可濫殺無辜、羅織罪名，犧牲人民的自由與性命安全。不知使多少的性命因此犧牲？不知使多少人的自由被剝奪？不知使多少的家庭家破人亡？不知使多少的受難家屬蒙受冤屈、遭人歧視？不知使多少的婦女默默承受噤若寒蟬的活牢籠？

這般苦難的集體記憶逐步轉化成一股強而有力的「台灣人主體意識」活躍在台灣社會的底層，綿延不斷地形成守護台灣的層層愛網。高牧師娘正是最有力的明證，在苦難中她未被擊倒，反倒學習羅馬書五章所說：「**患難生忍耐，忍耐生老練，老練生盼望；盼望不至於羞恥，因為所賜給我們的聖靈將上帝的愛澆灌在我們的心裡。**」藉著信仰力量轉化個人悲劇的意義，以自己的不幸作為社會行動的基礎，關心許多不幸婦女的遭遇，也積極投入世界性的組織，如AI、ACISCA、ACWC、CCA、WARC、WCC等，關懷各種人權的議題。在國內也參與發起許多的社運及社福組織，如婦女展業中心、彩虹婦女事工中心、勵馨基金會、終止童妓協會、玉蘭莊、真愛家庭協會以及二二八事件紀念基金會等，盡心盡力貢獻一己的專業及時間。生命歷程的轉彎正如其自身所描述：「因著苦難的發生，我的生命有機會——走出家庭走入社會，走出台灣走入世界。」身為台灣的女性，高牧師娘勇敢地將愛的種子散播在遍地，彰顯以馬內利的上帝與台灣百姓同行，成為時代的見證人，影響著無數人的生命，使人的生命滿有豐盛與平安。

本書係屬口述訪談的紀錄，整個訪談過程都以台語（福佬話）進行。整稿的風格則以呈現受訪者的講述內容為主，捨棄繁雜瑣碎的逐字的訪談對話，並考量閱讀的流暢性將受訪者的講述內容做文學化的整編，以便使閱讀者更易進入講述人的敘事脈絡。不過，整體而言，筆者仍是順著受訪者針對各別主體的敘事風格予以保留。另外，口述訪談紀錄的另一個課題是語言符號的轉換，除了從口語轉成文字這一層，另一層轉換就是由一個語言換成另一個不同的語言，例如由福佬話轉化成北京語。在這些轉換過程中，無法避免語言訊息的流失，在此列舉二例加以說明：一、福佬話含有不少表達語氣的語尾語助詞，造成其前面看似結構相同的句子語意變成完全不同，在漢語文字的書面語中，語氣詞很少被標示，造成句子的語意流失。二、在實際訪談的過程中，受訪者常常使用許多生動活潑的成語與俚語，這些表達感情非常傳神的福佬話用語，在北京語中並無相對應之用詞，只能透過意譯（paraphrase）的方式以近似的語意取代。如何小心求證這些用語的語意，並盡力保留受訪者的語言風貌，正是本書力求的方向。全書文體中，較特別的是第九章〈政治參與之路〉，因口述資料不足，全章由高牧師娘書寫成稿。另外，附錄中〈日據時代：日本統治下的台灣〉及〈我的五位母親〉兩篇文稿也是在筆者邀稿下，全出自高牧師娘的手稿。特此交代，供讀者參考。

本書得以順利出版，首先要感謝高李麗珍牧師娘的信任分享與耐心指教，使我有幸參與她的生命史。感謝台灣基督長老教會總幹事張德謙牧師不吝惠賜推薦序文，為本書增添許多光采。感謝指導教授鄭仰恩博士在歷史神學領域的一路引領，激發我對研究工作的興趣及使命感。感謝林宗要牧師（我較習慣稱呼叔公）慷慨資助本書的出版經費；感謝新加坡長老大會檔案管理員劉紉馨女士協助校對、潤稿；感謝南與北出版社總編輯吳信如姐妹以及美編林婉君姐妹樂意鼎力相助，呈現讀者喜好的編輯風貌。感謝我的家人一路來給我的支持與鼓勵，不論研究或海外宣教事奉，他們總是背後默默支持的穩定力量；特別愛妻妙萍在瑣碎的家務之餘還得犧牲休閒協助整理訪談的所有錄音稿，本書成形她的貢獻不小；而家中兩個小瓜——恩約、恩予——便是我學習生命敘事的靈感泉源。

最後，承蒙台灣神學院出版社全力支持本書的出版，使得台灣（教會）史料增添新的一頁。誠願台灣人民閱讀她的故事，聆聽鄉土的受難曲，同心祈禱台灣島國的歷史不再重蹈覆轍，攜手並進邁向主體建構的康莊大道。

謝大立

二〇一〇年十月三十一日（宗教改革紀念日）

於新加坡嘉恩堂

目錄

既然這樣，誰能夠使我們跟基督的愛隔絕呢？
是患難嗎？困苦嗎？迫害嗎？飢餓嗎？貧窮嗎？危險嗎？刀劍嗎？
——聖經・羅馬書八章35節（現代中文譯本1995）

3 上帝所賞賜的產業

4 美麗島事件的衝擊

5 政治受難家屬的辛酸血淚

6 上帝的旨意最美善

7 苦難帶來的祝福

8 走出家庭，走入社會

9 政治參與之路

10 婦女參與國際事務的體驗

11 使命的傳承

12 附錄

無法隔絕的愛——同走一條見證恩典的道路

明，你好！

這幾天你的身體好嗎？痔呢？……昨天培火來訪時，我告訴他此事，因為問起你最近好不好？所以我告訴了你有痔的毛病。他聽到那麼嚴重時說，你應該申請「保外就醫」出來開刀才好。……今天讀到一首詩，得到很大的安慰，我順便抄給你。

〈無限的愛〉

神是　重擔若增加，隨著把恩惠增加。勞苦若增多，隨著把力量增多。

患難若增添，隨著把憐憫增添。試煉若倍加，隨著把和平倍加。

我們的耐力窮盡時，在日未落體力已衰退時，所儲蓄的財源已用盡時，

神豐盛的恩賜才開始。因為，神的愛是無限的，神的恩惠是無窮盡的，

神的能力無人能測度，從耶穌無限的豐富中，神給予，再給予，又要給予。

願慈愛的上帝與你同在

珍上

七月二十四日夜

明！

很久沒提筆寫信給您了，但是今日不能不寫，勉強要告訴您一件事，您一定會很吃驚，那就是我們親愛的三姐今早七時已被主接回天家了。……

那時我又想到，經上說：「因為凡有血氣的，盡都如草；他的美榮都像草上的花。草必枯乾，花必凋謝；但是主的道永遠長存！」（彼得前書一章24～25節）人的價值就是那一點氣息，息一斷，無論他是君王、貴族、大富翁、如何高貴的人，都無法挽回自己生命，一切都將成過去，他就要進入一個新的生命、新的（另外的）世界。他過去所做的是好、是壞，都要留在世上受評判。他的將來能否過得好，就要看他在今世有否為此準備。想到這裡，真覺得我們的責任重大，我們是否有將這永遠存的「主的道」好好的、熱心的去傳揚給別人。也覺得巴不得所有的人都快快醒悟過來，免得臨終時為不知何去何從而掙扎。我們很高興三姐已得到了，尋到了，並已被主接回祂的懷抱。我們現在暫時的分離，盼望將來在主裡永遠相聚。……

媽與孩子都問您安！

珍上

十月二十日

生父許水露 1957 年於斗六教會，左至右分別為五妹靜娟、六妹雅珍、七妹慧滿、生母、九妹慧美、麗珍

1

盤根於動盪歷史的原生家庭

動盪時代的教育

我出生於一九三二年，一生下來就屬於日本人，從小接觸日本人，我覺得他們很親切。公學校在竹仔門、關仔嶺兩校各讀三年。關仔嶺國民學校是鄉下一所小小的學校，全校六個年級只有三班。一至二年級一班、三至四年級一班、五至六年級一班，分別由三位老師來教。因為小班制，師生的關係很親密。記得我六年級時，導師是我們的校長。為了要鼓勵我們升學，在第二次世界大戰末期常有空襲警報、燈火管制的晚上，校長親自到我家，幫我們幾位可能升學的學生免費補習，我們很感激。

畢業後因為戰爭，隔年才考高等科。我考取白河高等科後，由關仔嶺坐車上學，一早出去很晚才回家。在學期間常做堆肥、剝瓊麻等工作，一有空襲又躲警報，並沒有讀到什麼書；另一方面因嚴重暈車，早晚通學已讓我撐不下去，高等科只讀了一陣子就沒唸了。戰後生父在高雄，所以我初一到初二上學期讀省立高雄女中，之後生父

在彰化教會牧會，下學期就隨著生父轉入省立彰化女中。初中畢業因成績不錯直升高中，高二到日本金城學院高中部就讀，接著讀短期大學。

生命中五位母親

我父母一共生有十一個子女，我前面有姐、兄各一位，排行老三。母親剛生下我後就生病，我也生病，我先出院，由我大姨來照顧我，後來大姨要收我為養女，父親說自己的小孩不能給別人，但母親說大姐是自己的姐妹，沒有關係，就把我送給我大姨。大姨、大姨丈沒有子女，除了收養我外，另外也抱養一名男孩子。大姨丈名叫李識情[1]，

1953 年日本金城學院高中部畢業旅行於九州別府溫泉區，右邊第二排第七位微蹲者為高李麗珍女士

他當時在關仔嶺、白河一帶的教會傳道，我才會唸竹仔門和關仔嶺公學校。後來大姨過世了，我祖母認為傳道者不能沒有賢內助，而我三姨金絨的丈夫早死，獨立撫養遺腹子江雲華，二二八事件雲華遇害後，就改嫁給大姨丈，因此三姨也是我的母親。我常說，我生命中有五位母親：生母，兩位養母、挪威的女宣教師袁姑娘，另外一位是高牧師的母親——我的婆婆。我的福分多，母親也多；或許是母親多，福分也多。

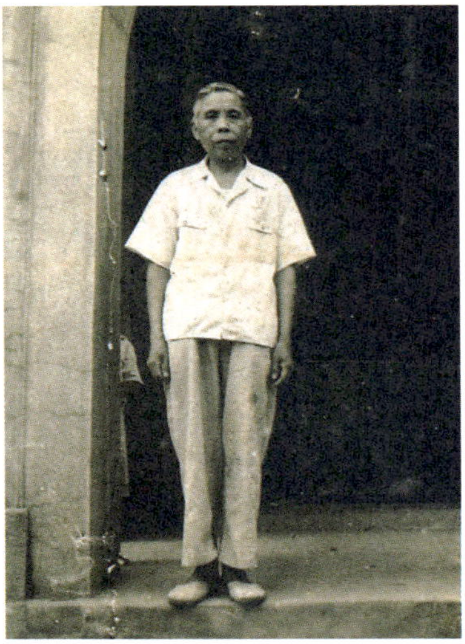

養父李識情

生父許水露、麗娟、麗珍（左）攝於瀨戶（父親到日本探望女兒）

日據時期父親落難

我的生父[2]許水露牧師在第二次世界大戰時被日本政府疑為間諜，因為他在高雄中會旗後教會牧會很活躍，當中會議長，常和宣教師開會舉辦慈善音樂會。他長得高高的，鼻子尖尖的，眼睛濁濁的，頭髮捲捲的。可能是祖母有荷蘭血統，嘉義新庄仔庄裡的人說他（指生父）像外國人。戰爭中有燈火管制。教會有一些熱心的會友，天未亮拿蠟燭爬上三層樓高的祈禱室祈禱，一大早都有警察在巡邏，可能看見那火光都在固定的時段亮著，有一天警察半夜來敲門，父親一開門，就被摀住眼睛帶走了。天亮，警察跑來我家說：「你家有照相機、無線電還有錄音機什麼的，趕緊交出來，你丈夫才會快點回來！」我生母說：「你到底把他帶去哪裡？在我家我沒看過這些東西，如果有，你叫他自己回來拿，我沒有看過。」但是沒有放他回來，也沒有說他在哪裡。那時候媽媽四處找人，還要一邊牧會。每天早上她都禁食禱告，她很會禱告。那時她很勞苦，也沒有人來探望她。

到戰爭快結束時，父親在監獄裡有被「踩腳翹」（註：老虎凳之類的腳刑），我不知道「踩腳翹」是什麼樣子，好像是跪算盤般地被刑求。媽媽說，在禱告中看見爸爸鬍鬚散亂，穿黑黑的衣服，再禱告就看見他的臉變得比較光亮，衣服變得比較灰色。她每天都一大早起床禁食禱告。後來神跟她講不用煩惱爸爸的事情，要去煩惱會友的事情，因為那時會友四散，不敢來教會，不久之後爸爸就可以出來。後來，聽說端午節有讓爸爸出來剃頭，剃頭師傅是屏東教會的會友，也是長執，跟許有才牧師[3]講許水露牧師被關在那所監獄。許有才牧師來探訪我的生母，那時才知道爸爸在哪裡。他被關了五個月，起先幾個月都沒有人知道被關在哪裡。

那時，我和大姨住在關仔嶺。生母就把我二個小妹（四妹和七妹）寄在我大姨那裡。六妹是現在的林茂道牧師娘，她被三姨帶去了。三姨當時就已守寡，且只生一個兒子，她就來幫助我媽媽。三姨起先是在高雄當護士和助產士，後來疏散到屏東、林園，就自己開業，把六妹也帶去認養。三姨和養父再婚的時候，六妹也和我一樣姓李。大姐和大哥在長榮女中和長榮中學讀書，家裡只有三妹、五妹和生母住在一起。

媽媽白天去找爸爸的下落，從一個出所（派出所）走過一個出所，四處去派出所問：「到底我的先生是被關在什麼地方？我要拿衣服去給他換，拿東西去給他吃。」他們都不告訴她，只告訴她：「這裡很危險，正在空襲很危險。」叫她趕緊疏散。她說：「我先生沒有回來，我要疏散去哪裡？你趕緊讓他回來我才可以疏散。」她很艱苦……。

到後來長榮中學、長榮女中都停課，哥哥姐姐回來的時候跟媽媽說：「媽媽咱在這裡危險，咱要搬。」媽媽說：「咱要搬去哪裡？爸爸不在，咱要搬去哪裡？他若回來會找不到咱。」「咱去阿嬤那裡，咱來去嘉義民雄新庄阿嬤那裡，爸爸若回來這裡找不到我們，會回去找他的媽媽，那就會遇見咱。」

爸爸被關五個多月，終戰前因查不出證據而被釋放回高雄，找不到我們，回到嘉義民雄阿嬤家才找到全家人。

二二八痛失兄長

我的哥哥在兄弟姐妹中排第二，當時是我們家唯一的寶貝兒子，爸爸很疼他，媽媽也是。他很乖巧，寡言木訥，可以說是一個很忠厚的青年人。在家裡也是很認真，日據時期爸爸被關的那一陣子，他都幫忙媽媽，他們搬回去新庄仔，因為爸爸有些田地，他都替全家做粗重的工作，特別是收割的時候。我記得媽媽說，哥哥都自己用牛車去載稻穀回來，載到月亮出來，回來還要把稻穀放好，很乖巧、很勤快！戰爭時他是讀長榮中學，戰後搬去高雄，他就去讀高雄中學，在二二八的時候，他剛好是高雄中學高中一年級。

二二八事件爆發到高雄時已經是三月初了，我和妹妹麗娟在放學回家途中，看到這裡一堆人、那裡一堆人的不知道在講什麼。哥哥回來時問家裡有沒有吃的東西，巡一巡說：「沒有米了，沒菜了。」他比較知道輕重。那時媽媽正好生病，爸爸在區公所當副區長，做政治方面的工作，姐姐在醫院當護士。

哥哥回來看到沒米、沒菜，就趕快出去買，買不到米，就買蕃薯及一些罐頭回來。他看媽媽在病床上，他就問：「媽媽有藥嗎？」看沒有藥了，就出去幫媽媽拿藥。但是出去後，那個晚上沒有回來，隔日也沒回來，我們很著急，媽媽也很著急。爸爸想回來看家裡是否平安，也無法回來，因為一直有搶劫事件發生。爸爸那個晚上有個預感——聽到哥哥在叫「歐多桑」（註：爸爸的意思）的聲音。他很急，想回來，一直躲在牆邊，躲到回家差不多天亮了，哥哥也是沒有回來。再隔日哥哥也是沒回來。後來三姨來告訴我們，說李幫助牧師告訴她說，她的兒子雲華已經被人打死，陳屍在愛河邊，她邊哭邊講。

隔日，李幫助牧師[4]來我家說，她去紅十字會討旗子，她和林啟三醫師的女兒和護士要出去做救難的工作，救那些受傷的。後來她認出我哥哥，才來告訴我們。雖然爸爸回來在家，但不能出門，男人都要躲起來。我記得他都躲在日本厝榻榻米的下面，若是沒有兵來時我們就去看一下，拿東西給他吃。那個時候媽媽生病，沒有辦法單獨外出，就要姐姐跟她去愛河邊看哥哥。媽媽說，去的時候，見哥哥的臉上有蓋一條白手巾。她掀起白巾來，哥哥的鼻孔瞬間出血，媽媽很傷心。還好林啟三醫師（時任台灣省婦女會理事長楊金寶長老之夫婿）很慷慨，替我們買棺木，後來我們一家人才在晚上偷偷地去前金教會過夜，在那裡放有哥哥、表哥雲華及其他青年人，我記得有六個人的棺木。隔一日，我們為這些人舉行告別禮拜，之後才去安葬在高雄的一個墓地。這個經過爸爸都未曾再提起，也不敢說。我們這些孩子也是覺得莫名其妙，大家歡迎國軍來都很高興，學北京話、學三民主義，在那裡歡迎

母親陳金杏，哥哥許宗哲當時是高雄中學高一的學生

他們。不過怎麼忽然間從那種歡迎變成這種淒慘的情形，那時不懂事也不敢問。

我記得媽媽都關在哥哥的房間內，當時有一台小風琴在哥哥的房間，她自己彈琴、自己唱詩歌：「日落西山，暗罩山嶺，頭前的路，遠可驚惶。」（聖詩372）她在那裡唱詩歌、流眼淚、禱告。她說她開哥哥的抽屜，有一個盒子，盒子裡有他剪下來的指甲，還有他所寫短短的詩，述說他晚上出去仰頭看天上的星辰，好像在仰望天家的那種意思。詩留在那裡，媽媽也覺得很不可思議，哥哥未曾提起過什麼，我們也不曾看出他有厭世的現象。沒有啊！但為何會遇到這種事情？好像是他早就有心理準備，早就在思念天家。

媽媽生病加上哥哥的死，那是個很悲傷的時刻，還好媽媽有信仰，還好她會唱詩歌，自己在那裡彈琴、唱詩歌，從詩歌、聖經，從哥哥在世的時候很可取的行為和信仰——他（哥哥）禮拜日一定會去參加聖歌隊、做禮拜——得到很大的安慰。我看見很大的悲劇可以用信仰來勝過。未料到姐姐也生病，並且隔年就過世，離我們而去。

在家族裡，不是只有我們一家遇到這種悲劇而已，媽媽四個姐妹裡面就有三個遇到，每人都失去一個兒子。那時雲華就讀高雄高工二年級，已經很大了，他和三姨兩人相依為命。三姨失去丈夫，這個兒子是她唯一的盼望，她也很認真打拼去當產婆，賺錢撫養這個孩子。但是沒想到在二二八時，她唯一的盼望——雲華也受難了。實在是很悲哀，她的痛苦比我們還大，她把眼淚當飯吃，處境實在很淒慘。全台灣有成千上萬的家庭遇到這種悲劇。

學習走上帝的道路

在過去的年日裡，若有機會服事，我都沒有推辭，機會一來我都接受，一路靠主帶我這樣走過來。我記得中學時就很堅持走傳道的路，中學以後很多人問我將來的打算。我在日本讀大學，到後來再去日本，都有人爭著為我作媒什麼的，但我都不要。不管對象是醫生或做什麼大官，我堅持只要走傳道者的路。那時會答應嫁高牧師，也是因為我喜歡在鄉下。那時也有人介紹神學院的教授，或某大教會的牧師，但我很怕。大教會的牧師我很怕，因為我都在鄉下，都在做勞工、學生的傳道工作，大的教會我不會。

因為養父生病，我必須回家一趟。抵達台灣時，在碼頭被海關人員嚇到了，檢查行李時，忽然用很大聲的北京話對我說話。我想，我又沒有做什麼，怎麼這樣吼我。原來，他說話就是那種樣子，我不知道，還想說他怎麼這樣大聲地吼我。所以我覺

1955 年日本金城學院短期大學外文系畢業

得，回來在教會或是其他的服事，若要用北京話，我會擔心很久沒用了。當我聽高牧師說，他在原住民牧區工作，在那裡可以用日語對原住民傳福音，我覺得這是我所喜愛的。

在日本的宣教工作

我本來是想跟宣教師袁姑娘（Miss Kirsten Hagen）在日本傳福音，七月就要再去。四月回來，養父五月一日就過世了，我跟媽媽說七月我若沒有去，我的「再入國簽證」就失效，她也替我捨不得，所以沒有阻止我，但是她帶我去跟那些姑姑、姑丈道別。我去到嘉義，拜訪很有錢的四姑丈，他請吃飯，那餐飯吃得很難受。他一直說：「你不要學那個姑娘那樣，他們是有後山可靠，他們有宣教團體喔！她有團在支持，你是沒有喔！你不要去學人家這樣。」他少說了一句：「你的責任很大。」其實，我自己知道，我是養女嘛！哥哥已經離開我們，妹妹應該是我要負責，阿嬤還在，已近百歲了，媽媽也還在，我是不能跑去日本。

我以前想，我和袁姑娘有很好的搭配，做得很快樂，她也很高興，事工一直做，信徒都是做陶瓷的勞工，或是學生。袁姑娘很有愛心，她在傳道，我當翻譯。為了疼愛這些人，她付出很多，甚至將自己宿舍的一間房分給勞工信徒住，這種模範實在可貴。所以我就這樣，學她服事這些比較下階層的勞動者。事實上，我是很喜歡在那裡，我也告訴她：「我會再回來。」她說：「萬一不能來呢？」

後來，她聽到我決定要跟高牧師訂婚，她哭得要命，我也不知道要如何跟她說，我就說：「盼望以後高牧師也可以接納咱的教派，長老會可以跟較屬於五旬節教會合作（不是那麼極端的）。」我盼望她也可以接受我們的教派，互相有往來。感謝主！後來真的互相有往來。我們結婚後，她有來台灣看我們；我們去日本時，她有請高牧師去她們教會講道。她退休後，我們也曾去挪威找她。所以，彼此都是很好的朋友，感覺在上帝的帶領之下，一切很順利。

如同在天的敬拜

當時，爸爸（養父）生病，我回來林內教會的時候，剛好二水教會的牧師是我的姑丈陳思聰牧師，他以前在里港牧會，年老時在二水牧會。有一天，他打電話來說：「麗珍，禮拜日你來這裡幫我翻譯好不好？有原住民的教會牧師、信徒要來我這裡禮拜。」我聽到可以用日語翻譯，就說：「好啊！我去啊！」

原住民唱詩都唱日語又很活潑，二水教會的會友是唱台語。那個敬拜讓我感覺，天國是不是就像這樣，同一首詩大家用不同的語言唱得很高興，也同心在那裡祈禱。二姑丈講道，我幫他翻成日語，禮拜後大家有往來，我很羨慕這樣的聚會。所以高牧師說，他要在原住民那裡巡迴，要走山路，培養傳教者怎樣傳道，我感覺：「這或許是我要走的路。」我們二人就是因為此緣分來結合的。

---

1. 李識情（1894-1956）是李仁義和林宇的次男，曾任傳道師，牧養過斗六、澎湖、民雄、小琉球、林邊、關仔嶺、林內等教會。在林仔內務農時，曾任白河教會長老。李仁義是關仔嶺人，任教會長老。林宇是白河鎮林仔內人，為台南「長老教女學」首屆入學生十九名之一，該校於一八八七年二月十四日舉行始業式。參賴永祥，〈史話 342 李仁義長老娘林宇〉，《台灣教會公報》二二八九期，主後一九九六年一月十四日。
2. 許水露牧師（1904-1969）畢生獻身傳道，西元一九四三年許水露牧師被日本政府誤為間諜，而因此被囚禁。前後曾牧養二林、旗後、集集、彰化、斗六、台北延平、台北中正等教會，並曾任彰化基督教醫院董事長一職。戰後曾任高雄社會局長及鼓山區副區長。
3. 許有才牧師（1903.10.11-1984.1.15）畢生獻身傳道，除了默默地牧養教會之外，曾經做了兩件在台灣教會史上具有歷史性的創舉。一即於二次大戰之後，率先志願深入山地傳福音。另即推動「倍加運動」，達成台灣長老教會慶祝設教百週年時，教會、信徒倍增的輝煌成果。曾獲台南神學院頒授榮譽神學博士。高俊明牧師神學院畢業時，正是受其感召自願投入原住民山區的巡迴傳道，更建立了師徒般的夥伴情誼。參見高俊明、高李麗珍口述，胡慧玲撰文，《十字架之路——高俊明牧師回憶錄》（望春風，二〇〇一），頁一三四至一四四。

4. 李幫助牧師（1909.9.28-1998.7.24）一九五〇年三月二十九日於她所開拓的前金教會封牧，由台南神學院宣教師滿有才牧師（Rev. W.E. Montogomery）按立為牧師，為台灣的第一位女牧師。期間，創設道生聖經書院（今道生神學院）。一九四七年擔任台灣省婦女會理事（前金教會楊金寶長老為理事長）。適逢二二八事件，遂於高雄市組織「紅十字救護隊」，不顧生命危險搶救傷患，協助埋葬遇難者。參石素英，〈跟上帝談條件的奇女子——台灣第一位女牧師李幫助〉，台灣基督徒女性靈修協會網頁（https://www.nsocws.tw/ 李幫助 /），2018-02-01。台灣基督教道生院董事會，〈神國使女：李幫助牧師〉，二〇一一年二月二日，www.laijohn.com/archives/pc/Li/Li,Pchou/biog/Toseng.htm。

上：日本兒童事工英文班，最後排較高者為麗珍
下：1957 年返台前邀陶生病院病患禮拜，左一袁姑娘，左二麗娟，左三麗珍
左：袁姑娘由自由基督教會（Free Christian Mission）派往日本宣教五十年之久

年輕時的高牧師娘夫婦

2

天國使命牽姻緣

回憶初識之時

麗珍：我們起初是通信，高牧師請他妹妹幫忙寄一封信，是那種郵簡，不能放東西在裡面的，她放了一張照片進去。我打開時發現怎麼放一張照片，還是頭髮很多、很帥的一個人……哈哈。

信中他提到，他在做山地的工作，訴說原住民的痛苦、他如何開拓，還有神學院的事情，他都用日文教學。彼此通信通得有感覺之後，媽媽（養母三姨）鼓勵我回來看看，看看怎樣再來決定。所以，在一個七月天、剛好赴日滿兩年，我就回來。

我回來的時候，生父在斗六教會牧會。養母因為養父過世，就搬回去關仔嶺，起初禮拜堂有一個地方讓她住，之後又安排另一個住處。她說要等我到站，但是我下車也沒有看到人，我帶著妹妹勝恩（排行第八），那時才國民學校的年紀。我們兩個人想說在車站找不到養母，就爬坡上去，看到客廳的門開開的，行李放著就到處找，找不到，就再走到三百階階梯那裡，看不到就再走回來。想說媽媽到底在哪裡？怎知她等啊等的，就進去朋友家裡坐，我們經過她也沒看到。高牧師二姑丈的別墅在附近，就是在廖長老家那一帶，一位我們叫「明記嬸」的廖長老娘（李款），看到我們走來走去，就招手叫我們過去，說：「在這裡啦！在這裡啦！在這個二姑婆這裡。」我們才趕快過去，一進去我愣了一下……因為當初收到的相片，看到的是頭髮很濃密的樣貌……（哈哈哈）

俊明：那個相片不是我寄的，那是我的妹妹放進去的。（靦腆微笑）

麗珍：穿西裝相當英俊，進去看，不一樣了，再來讓你（高牧師）講……

俊明：我那天穿牛仔褲，穿套裝的襯衫，袖子挽起來，是很普通的那種服裝。看見一位美麗的姑娘迎面而來，心裡覺得或許她會認為，我是我的爸爸或是哥哥，跟那個相片比起來是老很多。

麗珍：那時頭髮就這樣往中間梳，很像那個卡通「Q比」的髮型，哈哈哈！

俊明：所以我們要訂婚、結婚是很傳統的，不是很羅曼蒂克的那種。在那次要見面之前，已經通信好幾個月了。

麗珍：信中會介紹自己在做什麼、自己的願望之類的內容。起初他有擔心教派的問題，也曾跟楊啟壽牧師分享。袁姑娘那個系統好像比較是神召會那方面的。

俊明：靈恩派那種的。

麗珍：我們在那裡時，有教導說聖靈充滿有的人會說方言，有的人會有特殊的經歷，但是我跟妹妹都沒有經歷過講方言，也都是像平常那樣禱告，但有時會很喜樂。

我通常擔任翻譯的工作，有一次我不用翻譯，那個晚上我可以專注地聽。袁姑娘講，你若怨恨弟兄，就是像拿刀殺弟兄那樣的罪，正如羅馬書六章23節說「**罪的工價仍是死**」。那時好像一把刀刺到我，我一直哭，我以前都不覺得「我罪極重」。

因為，我起初跟妹妹都做得很好，有很好的合作，但有一段時間我久久無法釋懷。我們後來沒有請幫手，大家要輪流煮飯，若輪到我煮，我就去買鹹魚回來煎一煎，那種煮好的，甜甜、鹹鹹的，他們日本人都這樣買來炒些菜。我比較不會廚藝，我讀外文系，都是陪袁姑娘出去，去外面辦事情。

妹妹讀營養系，她很會煮東西，又好吃又好看。所以若是她煮的，袁姑娘就就很稱讚，我卻開始不開心。時間久了，若聽她在變換菜色，我心裡就不是滋味。她很會變化，一下子變這個、一下子變那個。我是太忙又沒興趣，也不會這樣煮，就買現成的來配菜。我就好像是「浪子回頭」故事裡的那個哥哥，覺得我幫你（袁姑娘）做到這樣，都在忙外面的事務，沒有那樣的烹飪成果，你就都只稱讚她。我沒有說出來，但心裡就是不高興，不高興的情緒累積起來，就這樣自己刑罰自己，搥胸（心肝）。有時會這樣禱告：「上帝求祢讓我今天不要再犯罪，不要再不快樂。」早上這樣禱告，可是晚上再回想時心裡也是不快樂。有時甚至想說，我故意跳去讓車撞死也好。

朋友都很羨慕我住宣教師那裡，父母也不知道我心裡的掙扎這麼大。我被這種負面情緒影響，心裡難受得快要死掉，可是都沒有表現出來，所以他們不知道。後來，就是因為那句：「你若怨恨弟兄，就是像拿刀殺弟兄那樣的罪，而**罪的工價仍是死。**」使我意識到怨恨是一種罪，內心無比地難過。然而接下去的那句：「**唯有上帝的恩賜，在我們的主基督耶穌裡，乃是永生。**」使我不住地流眼淚，跟上帝認罪，之後也跟袁姑娘和妹妹認罪，我心中的那顆石頭隨之落下，心中的喜樂油然而生。我深刻體驗罪得赦免的喜樂，那種喜樂無法言喻。雖然我沒有經歷祈禱時講方言，卻有經歷這種罪得赦免的喜樂。以前祈禱時都說「赦免我們的罪」，無法感受到自己有罪。自從那次經驗，我深刻感受到我有罪，求主「赦免我的罪」，真實悔改認罪，就得無比的喜樂。

關仔嶺—線牽

有人提起親事時，我人在日本。高牧師的堂姐高錦花[1]在我小時候於關仔嶺時就認識我，她就一直跟高牧師的媽媽高侯青蓮女士（就是我的婆婆）推薦我，也對我的媽媽（養母）推薦高牧師。所以經過一段時間，我們就開始通信。

我成長是在較屬於草地（註：鄉下之意），因為我的養父都在草地的教會，一段時間在林仔內，那時沒有牧會，在白河教會作長老。我是草地囝仔，打赤腳四處去。後來養父在關仔嶺牧會之後，也去林內教會牧會，都在小教會，我比較習慣在草地，在較單純的地方，沒有什麼對外社交，過很樸實的生活。去日本，跟宣教師袁姑娘住差不多六年，也是過很簡單的生活，接觸的人也差不多是學生、勞工或是家庭主婦。在學校時當然與同學、老師有接觸，都很單純。

入門前的掛慮

婚前我很擔心，因為聽說牧師（俊明）出身台南的望族，爸爸是醫師，媽媽是長榮女中的校友會會長，後來也做董事長，在台南的教會、社會上都相當活躍，在女宣、社會上的婦女會各方面很活躍，所以要進他們的門，我實在是很害怕。人家說，門風不相對，就是這樣。他們那麼高貴，我們那麼卑微。但是幫我們介紹的錦花姐，是牧師二伯的女兒，是台灣出名的音樂家、鋼琴師。全國若有人去考師大、還是其他大學的音樂系，都會來請她教琴。她鼓勵我媽媽，也跟她的三嬸（就是高牧師的媽媽）說這個婚姻很適合。我聽說牧師在做原住民的傳道，也教玉山神學院的神學生，所以我進一步想，若是這種生活範圍，我可以試試看，這樣我才答應這門婚事。訂婚後曾去他們那裡，看見他的媽媽很慈祥、很高貴、很親切，不會裝個派頭樣。還有他的姐姐、嫂嫂都很親切，比較沒有「看人大小目」，或是「排他」的那種態度，很有親和力。

高李麗珍牧師娘結婚照

入門後的福氣

到要結婚時，媽媽一直交代我到了人家那裡，就要怎樣、怎樣，都是那種古早的規矩，第一要緊是，我要早起端臉盆水，這點我實在沒有做到。婚後，我第一日起來，婆婆（指丈夫的母親）很早就梳洗好了。他們家裡沒有端臉盆水的地方，而是有浴室，就各自到浴室梳洗。婆婆一大早一邊梳頭，一邊發派工作給家裡的佣人，我覺得我跟不上她。起初沒有很多時間相處，因為結婚後，我們就去玉山神學院，那時在慶豐跟原住民的學生一起生活，過年過節才回台南。我的三個孩子都是回台南生的，坐月子的期間，都是婆婆或牧師的姐姐，還有嫂嫂，很親切在幫忙。嫂嫂的孩子那時已經讀神學院了，常常來看我們。特別是這些孩子出生之後，他們好像一家人。牧師是他們第三房最小的兒子，很久都沒有嬰兒出生在那個大家庭裡，所以兒子慕源出生時，大家很高興，好像一個王子出生，親戚朋友爭著來抱。特別是這些阿

公公高再得醫師、婆婆高侯青蓮女士

高李麗珍、高俊明牧師夫婦，長子慕源、長女黎香

伯、伯母、姑姑都爭著來看。他們小時候，我若帶回去，差不多都不用自己照顧，都是這些親戚在帶。所以我感覺到，這個家庭是很基督化的家庭。我起初在害怕的那些，害怕入門後不知是否負擔得起？這些掛慮都消失了，因為婆婆很好。牧師算是他們家的么子，很受疼愛，他就比較不管家裡那些禮數。

婆婆把我當成是她的女兒，而不是認為媳婦就要怎樣怎樣，完全沒有！甚至到有孩子時，她也說：「孩子我顧，你們盡量去做你們要做的事！」要去三舅媽那裡，或是去什麼人那裡拜訪都可以。我感覺很輕鬆、很喜樂，覺得沒有隔閡，我可以很坦誠，不用裝什麼禮數。她也是很坦誠，她會教我，但不會裝一個「婆婆」的樣子。有的人會在事情發生後，不直接跟你說，而去跟親人說，在背後論斷。她不會！我們之間很坦誠，沒有隔閡。像她出去時會對我說，幫她把內衣燙一燙，連內褲和外衣也一併都要燙。她穿著都很標準，不會隨便，習慣穿好幾層。出門之前，她就要準備好，再熱也要穿襪子、穿皮鞋，很整潔。讓我有很多的學習，不可以隨隨便便出門。

我記得，我生產的時候，為我們作媒的錦花姐跟我說：「生產是大事情，你四十天都要休息。」我笨笨的，在那時因有歐巴桑在整理家務，整理房間、煮飯什麼都是她們在弄。有一次在坐月子當中，婆婆做七十歲大生日。慘了！我以前很瘦，坐月子受很好的照顧，吃好、休息多，很少起來，胖得沒有衣服可以穿，只好穿孕婦裝，很有趣！這證明我在這個家是如何被疼愛、如何受疼惜。當時我若坐月子就在婆家，高牧師時常要回玉山神學院。那個時候學校在開墾、開拓的時期，蓋校舍、宿舍，都要出去募款，他常常出遠門，不在家。那時還有一位大娘姑（牧師的三姐）也住在家裡，還有大嫂住在對面，都會來幫我。後來又有第二個、第三個孩子，都是她們在帶。她們都覺得很難得有那麼小的孩子，很可愛，就都由她們照顧。所以，我若回台南很輕鬆、可以休息，也感覺這些親人、朋友都很接納我，很親切，讓我過得不緊張，沒有掛慮。

好客的家庭

家裡常常有人來，常常要宴客。婆婆以前有跟外國人來往，有的是宣教師、領事館的大使，他們若要回國，碗盤、櫃子，甚至床都很有價值，他們帶不回去，婆婆都會跟他們買下來。她很珍惜那些東西，不會隨便隨時就用，平時放在一個櫃子，還要上鎖。宴請客人時，再拿出來用。她很會辦桌，因為我公公在世時經營醫院，請一位辦桌師傅在家裡做飯，客人來來去去很多。公公過世後，也是常常有客人，宴請客人的時候，她拿那些漂亮碗盤出來用，用完之後親自洗，擦一擦收到櫃子，再鎖起來。她年老時好像在分財產一樣，把那些東西分給大嫂、二嫂跟我，盤子、碗、杯子，都很公平地分做三份。她的生活實在是很有規矩，對這些孩子、孫子的疼愛也都是很公平。看她年紀那麼大，但做事情很俐落。

才德的婦女

特別值得一提的是，婆婆擔任長榮女中的校友會會長，後來做董事長時，她常出去開會，很守時，很守規矩。有親戚曾跟她說，開會不用那麼認真，有時也要出去走走，老人家坐一整天很累。她說：「不行，我是代表長女來赴會，要報告長女的事情，我不能潦草行事。因為我回去就要報告開會時有什麼報告、議題、議決，都要跟學校報告，所以不能潦草。」她若去參加會議，都坐在前面一排，用簿子做筆記，到她七十幾歲也都是如此。她的字都很整齊。她又教我，在家裡重要的東西要如何收，房地契、稅單等等都要收好，不可以隨便丟掉，因為有時繳了錢，稅捐處或許有錯誤，反而說你沒有繳這筆。若你有繳，你的收據可以拿出來做證據；若真的那期沒有繳，就要繳，這些她都很清楚。她的抽屜裡，古早的稅單都還留著，例如她替俊明牧師向他姐姐買地的契約書都還收著。讓我感覺她很像聖經箴言三十一章10節所提那個有才德的婦女，她清早起來就發派工作給工人，看有好的土地就買起來，她很會整理家業。

我不曾看過公公，牧師說，他高中時爸爸就過世了，那是戰後沒有多久的事，所以我不知道公公的情形。不過我婆婆曾跟我說，以前公公若要去醫院看患者，都找她說：「你也一起去！」她回說：「我是要去做什麼？」他說：「因為患者都有家屬跟來耶！我在幫他看病時，你就要在那裡跟那個人的太太或是他的媽媽說話，了解他家的事情，跟他談論信仰的事……等等。」她說：「好啦！我要去，但有一件事你要允准我。那就是，你的印章都隨便讓管醫院的人用，我覺得印章你要給我管，這樣我去才有意思。我們醫院經營那麼久也都沒有什麼進展，收入好像很多，不過收支時常不平衡。是不是你印章讓我管看看？」公公說：「不好意思啦！」他覺得交代人家做事，這樣做好像是不信任。她說：「不會啦！印章是你的，也不是他的，由我來管是沒錯的。」她說。後來公公就准了。她去醫院一面是做協談的事情，勸人家來信主、介紹信仰，也看人家家庭是不是困苦，可以告訴公公，他們商量是否要向這患者收錢。所以，公公請婆婆和患者的家屬談話可以了解那人的家境。有的人是你不收錢他會不好意思，所以就讓他去繳錢，但是後來再把錢放回藥袋裡，這樣做可以幫助很多人。婆婆管印章之後，就比較沒有債務了，經濟漸漸好轉，她看什麼土地便宜又不錯，就買下。那時還要照顧大伯、二伯這些牧師的家庭，他們的孩子學校放假，整群都回來她那裡，他們都要負擔照顧。

所以我感覺婆婆實在是一位「才德的婦女」，有愛心，會幫助人。除了幫忙這些牧者兄長的家庭，也有外人會來跟她乞討，但是她不是隨隨便便，你乞討就給你，她有她的看法及她的教育理念。有一次我聽她說，有一位好手好腳、很健康的青年人，常常來跟她乞討，可能想說這個醫生娘過得很好、房厝也很好，若去乞討都會給他，常常都來。她覺得這樣不行！年輕人好手好腳，應該去學個工藝。有一次他又來，她就說：「你這樣好手好腳的，不去學點工藝自己賺錢生活，常跟人家乞討，好意思嗎？那你將來要怎麼辦？」對他責備也鼓勵他！她說，後來這個青年就沒有再來了。隔好幾年，一次去某教會創設女宣道會，是一個比較鄉下的教會，那時教會有辦桌。當她們在用餐時，有一個人來找她，叫她：「高醫生娘，你記不記得我？」她就看一看說：「不認識。」那人說：「我就是那時常去跟你乞討的青年，讓你說好手好腳不去學個工藝來賺錢，我很不好意思！我就去學煮菜、學料理，今天這桌菜是我辦的。」

婆婆說的話對這個青年很有幫助。她說話很有智慧，對什麼人就說什麼話，都是鼓勵人的話，像聖經箴言三十一章才德婦女說智慧的話、安慰的話。什麼樣的人需要安慰她就安慰，什麼樣的人需要鼓勵、勉勵、激勵，她就這樣去做。她的生活讓我感覺我一下學不來，要一步一步學，實在是很好的模範。

婆婆的信仰生命

她也很會講道，講道都有很好的準備。牧師出國，去英國、日本讀書時，有兩年我住在台南的家。有一晚，聽到好像婆婆的聲音，但又不像，因為那個聲音比較高，在做夢的那種聲音。我就去看，婆婆在我的隔壁房，原來睡夢中她也在佈道啦！她說：「咱來吟詩、唱歌！」在做夢的聲音都會比較高，原來她連睡覺也在佈道、在講道、在唱詩歌。我感覺婆婆的信仰很好，她不僅說，也會去行，連做夢都在佈道。我跟她住，學習到很多。

說到我婆婆的愛心，還有一項：她來台北和我們住時，我的養母和李家阿嬤也和我們住。我結婚後養母跟我住，幫我照顧小孩，幫忙做家裡的事，那時她還很健康。我去花蓮時不方便，所以阿嬤沒有去，阿嬤都跟她的女兒、孫子一起住在林仔內。到她年紀大一點，九十幾歲時，我感覺這樣不好，她是李家的阿嬤，我的養父過世了，養母跟我住，放阿嬤自己住在鄉下不好。我們搬到台北後，我一直請她，起初她都不要，後來就來跟我住。我們住在總會事務所四樓，阿嬤住在那裡，婆婆也住在那裡。不過住一年之後，我們搬去通化街，因為老人家爬四樓不方便。我們住那裡時，禮拜六、日雖然總會休息，我們住在那裡等於沒有休息，電話來我們要接，客人來也是「哇！哇！哇！」地就走到四樓。有一次一位日本沖繩的牧師，來台灣說要找教會，找不到，自己走走走，看到這裡有長老教會總會事務所。他會看漢字，叫門沒有人應，門開開的，是一個禮

（左至右）婆婆高侯青蓮、養父李識情的母親林宇、三姨（養母）李陳金絨

拜六，沒有上班。他在看哪裡可遇到人，看到樓梯，就走到四樓我們的宿舍，我們就請他住幾天，介紹長老教會讓他知道。住在那裡沒有隱私權，又好像每天都在上班。所以，後來就去通化街租房子。

那時，我阿嬤就一直唸說她要回去。我婆婆就說：「你要回去哪裡？」阿嬤說：「回去關仔嶺我的祖厝、我的故鄉那裡。」「誰要照顧你？」我婆婆問她，她也想不出來。因為我姑姑有的過世了，有的在嘉義、有的在斗六，各自有家庭，斗六的三姑也不在了。我婆婆就說：「我們都要住在這裡，住到主召我們回天家去。」我阿嬤說：「不過，你跟我不一樣。」阿嬤在想說：「老母住兒子那裡是理所當然的，我一個阿嬤去住在孫女，而且又是嫁出去孫女的家，一個娘家的人來住這裡，就不對了。」所以阿嬤說「你跟我不一樣」。我婆婆因為要鼓勵她安心住下來，就告訴阿嬤說：「你就想說，俊明是

李家祖母林宇女士百歲生日

你的孫子就好了，不要想說他是你的孫女婿。不然，你回關仔嶺也沒有人照顧你，麗珍也不能回去那裡照顧你，親家母年紀那麼大了也無法回去關仔嶺照顧你。」阿嬤沒有辦法就只好住下來。後來我們從通化街搬到瑞安街之後，那裡比較寬敞，有一個大廳，她們三個老人家常常在一起聊天，這樣就不孤單。

我很感動，我覺得婆婆的肚量、愛心是很大的。牧師也對我娘家的人很好，我的媽媽好像是他的媽媽，他都很孝順。他也是對阿嬤很好。阿嬤跟曾孫們也很好。那時我們的小孩還小，我記得在總會樓上，一個圓桌很大，蓋著桌巾垂下來，小朋友從學校回來躲在桌下說：「阿祖我在哪裡？讓你找。」阿祖就走來走去找，要看曾孫躲在哪裡，很有趣！我覺得老人家有這些孫子在一起，可以享受天倫親情之樂，很好！孩子也是可以從阿嬤、阿祖那裡，聽到她們過去的故事，學習孝順她們。現在的家庭都是各自分開住，甚至婆婆跟媳婦沒有住在一起的很多。我是覺得這樣住在一起實在是一個很完整、很和樂、可享受天倫之樂的家庭。

老人記憶庫裡的寶藏

有一天，阿嬤說起她小時候在關仔嶺的事情，說她十二歲的時候，她爸爸（算是我們的阿祖）有聽到宣教師家家戶戶訪問人，勸導人：「嬰兒不要綁她的腳，孩子的腳就要放著讓她自然長大，要讓她讀書。」她的父親聽到宣教師這樣鼓勵，就沒有綁她的腳，帶她走路走到台南讀長榮女中，她是第一屆長女的學生。她說：「那時我們走到白水溪，從白水溪有一位長姆仔（高長的太太朱鶯），揹著小孩也跟著我們走，後來在蕃仔田過一夜再走到台南。我去讀『長女』，那個長姆仔去讀『婦學』。」我婆婆說：「這一段歷史就是我要的，我實在不清楚我公公婆婆他們搬到白水溪之後是怎麼樣。」那時候，婆婆正在寫她公公的傳記。（她公公就是高長伯，婆婆就是長姆。）我婆婆年老身體行動不自由時，還在寫高長伯的傳記。因為不知道他們在白水溪的情形如何而接不下去，還好有我阿嬤把那一段接好，所以她很高興，也很愛聽阿嬤說她在關仔嶺的生活。她們有說有笑，生活

高侯青蓮女士所寫的《高長伯傳記》

很愉快，在那個很寬敞的大廳，她們就在那裡走來走去散步。牧師去上班，我有時要出去，或是為孩子的事很忙，他們三個老人家就很有話說。所以說還好我的婆婆心胸很廣，不會計較說：「你們娘家的媽媽也來，阿嬤也來。」她沒有這樣子的區別，她說：「咱都是一家人，所以咱都在這裡等主召咱回去！」她的意思是這樣。

婆媳一脈相傳

聽婆婆說，戰後她當台南市婦女會會長時，興起一種淨化社會的風氣。無論在高雄或是在台南，都有婦女發起廢娼運動。當時她們覺得，婦女有很多職業可選擇，不應該出賣自己的身體來賺錢。或許有一些人是不得已才會如此做，但是有一些人把這當自願的職業在做，不認為這是對女性的侮辱，不覺得這跟其他職業不一樣。婆婆她們（婦女會）是為了婦女權益來做解救工作，那些性工作者卻說：「你斷了我們的財路。」反而攻擊她們。當時也有妓女團體要對她們不利。那差不多是我初中時的事了！那時我在高雄，也曾聽過這樣的事情：前金教會李幫助牧師跟高安肆長老住在牧師館，她們主張廢娼，高雄的妓女來找她們理論。那時安肆長老出來，妓女們不知道她不是李牧師就打她，後來李牧師出來，才發現她們打錯人了。

我現在在做終止童妓（就是雛妓）的工作，關心十八歲以下孩子的人權。至於大人，以前有這種例子，有這種廢娼運動。我們認為這不好，應該廢止，不過有些人不是這樣想。現在也是有人這樣，她們說是性工作者——性的工作者，因為她們將這個當成是一種職業。我們是站在人權、人的尊嚴在考量，性是上帝賞賜的、神聖的，不是用來做買賣、賺錢的。這些大人有她的選擇權，我們奈何不了她；但是十八歲以下的孩子，她不會選擇，她不知道什麼是性。什麼是性她都不知道，就被人家拐去、騙去，被逼來做這種工作，這不是她自願的。所以我們想說這種的就應該要救，她有人權、尊嚴，這是不對的事。大人做這種事，用孩子的受苦使自己來享樂，這是虐待小孩子，這是不對、這是罪惡。所以我們來做這種救援運動。婆婆那時是有人要打她們，這些孩子是不會來打我們啦！孩子是被害者。不過，利用這些孩子的仲介、人蛇團體，還是說「牽勾（猴）仔」（khan-kâu-á，皮條客、掮客）的，是非常凶惡的。我們現在做的「終止童妓」是國際性的，比較不受那種威脅。

關懷亞洲婦女人權

我們開始是從「彩虹」起家的。以前，我們都想說會做這種性工作的都是大人，但是一九八五年的春天，亞洲教會婦女協會（ACWC）以「觀光跟賣春」為主題，在台灣辦研討會，有亞洲婦女代表來。那時，長老教會總會婦女事工委員會來接這個工作，每一個會員國都要報告現在本國這方面的工作環境、情形怎樣。為了提出報告，我們有一位姐妹請年輕人假裝成嫖客，進去妓女戶，去那裡做調查，去那裡觀察，就問工作者是哪裡人，發現原住民的孩子也在那裡（原住民原來是很重貞節的），大部分是台灣孩子（指本省孩子），外省孩子也有，都是十幾歲的比較多。後來才知道，現在的嫖客比較喜愛年輕的，有的人說：「吃幼齒仔顧目睭。」（意指和未成年少女發生性行為似有進補的效益）有的說：「不曾被人家玩過的，最好！」所以有仲介，有做廣告，就有那種客人來。

這些孩子真的很可憐，特別原住民，國小快要畢業時，仲介公司的人就來了，去看哪一家比較窮、比較需要錢，就跟他們的父母說：「你的孩子要畢業了，恭喜喔！再來就要找工作了喔！」當時，原住民比較沒有能力讓他們孩子讀到初中、高中或大學。仲介說要替少女引介工作，就拿一疊錢說：「這個是一年分的先給你，你簽約看一年還是兩年。」兩年就比較多錢。他們並沒有跟這些父母說要做什麼工作、在哪裡服務，只是跟他們說要介紹很好的工作。錢先給了，孩子的父母就想說：「怎麼有那麼好的，還沒有工作錢就先來了。」慘了！孩子被帶去，就沒有消息了，孩子不知道去哪裡了。原來就是被帶去妓女戶，禁止跟家人聯絡，也不可以說自己是被賣來的等等。因為她們若被警察捉去，若說出來，妓女戶、仲介的人都會被處罰，那時比較沒有罰嫖客。後來我們有要求政府，一九九三年提出，一九九五年通過「兒童及少年性交易防制條例」之後，才規定嫖客也要受罰。那種事業的背後都有一掛黑道的，人蛇團體、人口販，他們利用孩子開設性觀光業，仲介就利用觀光業。東南亞很盛行，在比較窮的國家，為了賺觀光客的錢，仲介公司利用孩子來賣春。有些孩子的父母根本不知道此事，就是被騙去的。有的是孩子出來找工作時被騙去，也不知道。業者是如此地惡質！我們救援小孩時，不會遇到孩子抗議，會遇到業者來恐嚇。開辦彩虹初期，我們是彩虹事工的發起委員，比較沒有直接被恐嚇，在那裡的工作人員曾接到恐嚇和威脅的電話。在花蓮的善牧中心開辦時，主任就被壞人打傷。

牧師娘的角色

牧師娘的角色各個不同，像媽媽、大姨和三姨她們三個都不同。我和她們也不同，我沒有牧會過。我在日本有跟袁姑娘同工過，那時的牧會是屬於開拓的，我做副手，袁姑娘講，我翻譯，或是負責主日學、青少年團契的工作，比較不是正式的牧會。我和袁姑娘遇到最難應付的，是信徒的家庭問題，有婚姻問題或是家庭如何如何，她沒有結婚、我也沒有，這種問題我們就比較沒有辦法。袁姑娘和我是屬於佈道、開拓方面的。我結婚後都在機構，在玉山神學院、總會和現在這樣，不是牧會的牧

玉神本館落成牧師（前排右一）親人來訪

師娘，所以比較沒有探訪會友、帶領聚會的經驗，主要就是關心這些學生。在玉山的時候，高牧師偶爾會請學生夫婦到我們家吃飯，再和他們分享。我跟學生的太太談，當太太要如何，或是懷孕的時候要注意什麼，或是有小孩要如何帶。請學生夫婦來家裡吃飯，大家一邊吃一邊講話，表達對學生的關心。寒暑假就和他們一同去他們的部落訪問。我們也有比較貧苦的學生，像阿里山或是桃園縣山上比較貧窮的學生，就讓他們當工讀生，劈木材來當燒熱水爐的柴火，我們家和楊啟壽牧師家，整個月都讓一個工讀生做，貼工資給他，讓他生火、劈木材。我們都是透過這樣子的方式和他們互動，先認識他家庭的情形，再幫助他們經濟的需要。那時我在玉山神學院也有教一些課。

牧師到總會我就比較自由了，只有牧師去上班，我在家照顧三個小孩和三位老人家，直到孩子上初、高中。家裡有我的媽媽、阿嬤，還有婆婆在，我媽媽照顧她的婆婆（就是我的阿嬤），我照顧我的婆婆。媽媽若幫阿嬤洗澡，我就幫婆婆洗澡。到後來婆婆年紀大不能起身，我自己沒辦法時，就請一位原住民的小姐來幫忙，照顧我婆婆。如此一來，白天我就比較有空到外面參加一些活動，主要有以下二方面：

一是參加春暉社，當志工媽媽幫助勵友中心接個案，當時勵友中心受少年法庭之託，輔導從管訓結訓後的問題青少年。勵友中心有訓練一批大專學生，來當管訓後問題青少年的大哥哥，輔導他們的課業與生活規矩，大概都在禮拜六或禮拜日下午辦活動。勵友中心也招募一些媽媽，訓練他們當志工，來與這些問題青少年的父母溝通，找出他們孩子的問題，鼓勵他們多花一點時間關心孩子，改變他們對孩子的談吐與管教方法，改善親子關係，使孩子能改過自新求上進。這個組織稱為「春暉社」。

二是參加台北基督徒婦女會一個月一次的午餐會，另外有一個禮拜一次的查經班，有使用台語、華語、日語、英語等，是超教派的，也是國際性的，很多基督徒邀請非基督徒來參加。幹部是一些宣教師師母、中年的教會婦女等。餐會中有音樂節目，有特別短講，有福音信息，也有對於種種事工的奉獻，如為屏東基督教醫院兒童脊椎矯正的事工、孤兒院等奉獻。其他每週在各地有英語、日語、華語、台語等查經班。每週二上午十點至十二點，在重慶北路二段李林淑貞姐妹家的四樓，我有帶台語查經班，有十至十二人參加，大多數是中年家庭主婦，也有慕道友來參加。我們用小組查經手冊，查考舊約婦女、新約婦女等，有輪流讀聖經、有代禱、有討論，分擔苦難、分享快樂，大家祥和如一家人。透過此查經班，我們可看出，不但求道者信主得救，信徒姐妹們靈性上也進步。有時查經班結束後吃一點東西，就去探訪病人，大家很快樂。可惜，高牧師因藏匿施明德案而被捕入獄後，我因要到處奔波比較忙碌，而結束了這持續將近十年的查經班。美麗島事件發生後，我就轉向關心美麗島事件的受難者家屬。

---

1. 高錦花（1906–1988）是台灣女性鋼琴演奏者的先驅，生於台南一個虔誠的基督徒世家，夫婿陳明清律師即是關仔嶺人。父親高篤行（1879–1962）是台灣基督長老教會牧師，母親黃春玉（1879–1945）。高篤行牧師是台灣南部長老教會第一代基督徒高長傳道師（1837–1912）次子，台南高家在台灣基督長老教會發展史中的貢獻，功不可沒。相關介紹，詳參高昭義著《高長家族族譜》（台北：作者自刊，一九九六年）。

後為慕源，前左為黎香，右為黎理

3

上帝所賞賜的產業

玉山神學院：孩子成長的樂園

玉山神學院對我們小孩而言是樂園。可以在大自然裡無憂無慮地、沒有功課壓力下成長，和原住民的小孩打成一片，不會分你是哪一族的、我是哪一族的，實在是很快樂的時光。可以認識很多動物、植物，因為學校有養雞，自己的阿嬤也有養，在學校的山上也養羊。鯉魚潭邊有一片柑仔園是一位寡婦的，因無法經營，盼望我們家阿嬤跟她買。那婦人說若她有一點錢，就可以去租店面讓她兒子修理腳踏車，這樣她就比較輕鬆。種柑仔要花時間，要施肥、修剪，柑仔收成還要賣，很麻煩！我們家阿嬤想幫她，就把這塊地買起來。長子慕源看到人家養牛，他就說：「阿嬤我很喜歡牽牛，所以要養牛。」阿嬤疼孫子，所以去買黃牛，有一頭母的和一頭牛犢。其實慕源不曾牽過，都是一位阿水伯（學校的農夫、工友）在飼養。我們有一間房子在柑仔園邊，讓阿水伯住，他可以在那裡養雞、養豬、養牛。他在工作時間外，幫我們巡視一

1965 年以玉神宿舍為背景的高俊明院長全家福

下園子。牛買來也是綁在那裡，都是他去割草來讓牠吃，慕源只是在旁邊看看，其實他不敢靠近牛。不過，讓孩子知道草地囝仔（鄉下孩子）養牛、牽牛是怎樣的生活，自己雖然沒有做過，至少也有看過。

慕源、黎香、黎理這三個小孩都很喜愛鄉村的生活。功課都是我的七妹（在玉神工作時）像家庭教師一樣幫助他們，所以在學校成績算還不錯。文蘭國小學生不多，所以他們都很高興。我們很少出遠門，而這三個小孩最多也是只到花蓮。去合歡山看雪，是學校的工友、老師租一台遊覽車去，讓他們玩雪。我們到原住民的部落時，比較少帶他們去，寒暑假都是帶他們回去台南看阿嬤、阿姑，有時帶他們去太魯閣或鄰近的原住民部落。若有客人來，他們最喜歡帶朋友去爬學校的山，或去環潭散步，在鯉魚潭划船。

慧滿、養母李陳金絨（三姨）、兒慕源、次女黎理、長女黎香

1970 年全家搬到台北時合照

舉家遷北：高牧師任總會總幹事

不過，這一段鄉下快樂的生活到一九六九年就告一段落。在我們要搬去台北的前一年就先送慕源、黎香去台北外婆（我的生母）家住，因為這些孩子若要念書就要到都市。那時，我爸爸（許水露）開拓的中正教會有一位田媽媽，小孩在中山國小就讀，中山國小算是不錯的學校。民權東路那區屬中山國小，她就幫忙介紹去好一點的班。不過，慘了！我們的孩子是從鄉下出來的，阿香三年級而已，阿源五年級，六年級就要畢業了，所以那時功課很重。他們兩個告訴我說：「媽媽，那邊同學說的話我聽不懂。」因為我們在家都是說台語，在花蓮和同學說話也是一半台語、一半國語。他們說：「同學說的話我聽不懂，老師講的我更聽不懂。」他們說：「他們的課本差不多都沒在用，而參考書有好幾本，都用那些，實在是很難過，跟不上。」他們在好的班上，就更難過。我想說慘了，所以隔年就北上，大約是一九七〇年。

那時，謝緯牧師[1]是台灣基督長老教會的議長，高牧師是副議長，但謝緯牧師任期還沒到就過世了，由高牧師繼任做議長。那時，鍾茂成牧師是總幹事，他表示不再續任，因此必須選總幹事，大家都在推辭。高牧師說無論誰選上都不可以推辭，結果他自己選上了，就這樣擔當總幹事的職位，我們在一九七〇年就全家搬到台北了。

孩子面對城鄉差距的課業壓力

隔年我們就到台北住，阿理當時是一年級，來台北時讀二年級，功課上也有差，但不像阿源那樣壓力大。阿香也是有壓力，不過是中等，阿源的壓力最大，我看他們很可憐。我們還住花蓮時，慕源與黎香寄住在台北外婆家裡，離學校很近。外婆說慕源下課就帶一些狀況比較不好，像眼睛不好的、跛腳的朋友回來，打開外婆的冰箱拿出飲料什麼的，請那些朋友吃。外婆說這個孫子很會照顧那些對我們而言是弱勢的朋友。他不只帶那些比較好的，也招呼這些弱勢的，還帶到外婆家，很慷慨！從這裡就知道孩子從小就習慣不分貧窮或是富有、會讀書或是不會讀書

1873 年高牧師獲頒加拿大 Mc Gill 大學與加拿大長老教會神學院的聯合榮譽神學博士，在台北濟南教會授證

的，大家都是他的朋友，他都會照顧他們，所以阿嬤在這一點有受到安慰，說：「孫子有這樣關心人，疼這些弱勢的。」

我們搬到台北之後，孩子們和我們一起住總會事務所。慕源的功課很差，我跟他一起做功課，我覺得若一個字寫錯就罰寫幾百次，浪費學生很多時間。他從學校回來，光寫那些字，就不知要寫幾個小時了。總會事務所的浴室很大，有一次他回來就進去浴室，進去很久。我想這個小孩是在做什麼，就說：「慕源，你快來，我們趕快來寫功課。」他會說：「好啦！」他都不會說在做什麼，只說：「好啦！」但是很久還沒出來，我很急地對他說：「現在功課寫不完要怎麼辦？」很久以後他才出來，他問我：「媽媽，你知道我在裡面做什麼？」我說：「不知道！」他說他在做實驗，他放兩罐水，他說：「媽媽，你看為什麼螞蟻都去那罐，不到這罐？」我說：「不知道，看你有什麼祕訣。」他就是把一罐有放糖、一罐沒有糖的水放在那裡，觀察螞蟻跑去哪一罐，說這樣是在做實驗。他說，讀書就是要有實驗，不是只有用背的。所以，用背的歷史、地理、公民他都讀不好，但若是有可以做實驗的，他就比較喜歡那一門課。晚上常常要跟他比賽看誰寫得快，像數學等，那些我可以幫忙的，我就幫忙，不然我就拜託他的表姐。那時他有一位表姐讀台大，住在我家，就請表姐幫忙。

光是補習就補到很晚，他說：「媽媽，都是你啦！帶我們出來這裡，我在花蓮很多要發明的、有很多想法現在都不見了，到這裡光寫功課就寫不完，怎麼有時間去思考？」他覺得很委屈，他在那裡可以去思想、思考的，都不見了。來這裡就只有填鴨式的教育，一直寫、一直背，他覺得沒有興趣。

阿香還好，雖然覺得有困難。特別住長春路時，他們常常打電話回來說：「媽媽幫我拿什麼簿子來，幫我拿什麼書來。」早上要去學校，我都會擔心，因馬路很複雜，我都要跟他們到公車站牌。孩子一個個坐上公車了，我才回來。我很擔心車子那麼多，他們要過馬路不知道要如何過。還好都是靠屋子這邊，車站也是同邊。他們讀國小的時候，我特別費心。不過，他們在學校和同學相處很不錯，很和睦！

阿理樂善好施

阿理從很小就特別愛幫助人。有一次朋友不知要去哪裡，她陪朋友去，去到車站後自己卻不會回來，因為剛搬去台北沒多久。她就想說記得坐公車是在這裡，要怎樣走、怎樣走，公車的方向也不太知道。很晚了，還沒有回來，那個時候她才國小二年級，我很擔心這個小孩不知道跑去哪裡，不知要去哪裡找孩子。還好，她會去問人家說：「我要去長春路，要如何坐車？」我們差不多吃完飯後，她才回來。我擔心死了，我說「你去哪裡？」她說朋友要去……好像往車站方向，她很少去那邊，卻陪人家去。人家孩子自己會回去，阿理卻不知道要怎樣回來。我實在是很擔心孩子出去安不安全。

我覺得孩子的生活和信仰很有關係，她的言行跟她所聽的教導是一致的。有一次她跟我說：「媽媽，我們班上有一個很可憐的同學，他好像住在孤兒院，所帶的便當也是不怎麼樣。」老師說這小朋友都去垃圾桶撿人家吃剩的，大家聽到都很難過，就趕快將自己帶來的東西分給她。「老師叫我們帶我們的衣服去送她」，阿理就去選一件最漂亮的，她最愛的！日本阿姨送給她的，她說要拿那一件去。我們大人嘴在教他們，往往行不出來。主日學教他們不要將「不要的」給人家，反倒是要將「最喜歡的」給人家。她拿這一件時，我心裡就在想說：「你真的要把這一件給她嗎？」是外出時穿的那種衣服。她說：「媽媽你不是說：『你不可以拿不要的給人家，要拿最愛的給人家。』」我實在是被小孩教導了一番。說實在的我們大人很會說，但小孩子比較單純，她聽這樣就是行這樣，所以她就拿那件。她看這個孩子很可憐，就要照顧她。

有些孩子比較奸詐，有一次說作業沒有寫，老師叫她回去拿，黎理就陪她回去拿，因她說是吃了藥，阿理擔心會不會吃那種害到她身體的藥，所以一直跟著她，到最後才知道被騙。她在逃避，沒做習題就說她吃藥，拖時間而已。黎理是盡心在陪她，不知道是在拖時間，被騙跟在身旁，認為自己是在照顧她，不要讓她去做一些會害到自己的事，怕會自殺或怎樣。那孩子好像是說「我喝了危險的東西」怎樣的……其實都沒有，但是黎理不知被騙，還全心全意地照顧。

阿香比較靈巧一點！不過，她也很會招呼人，很會帶朋友到家裡。她比較會認路、比較獨立，她出去坐公車都在看這個站過去是什麼站。我們讓他們去參加兒童合唱團，這兩個比較小的還可以參加，慕源就不可以，因為要拚功課。這兩個小的就去林福裕老師的合唱團，下午或是晚上，兩人一起去練習唱歌的地方，她們自己會坐公車，怎麼去就會怎麼回來。阿香說，若她閒著，就一直坐，一張票一直坐到底再坐回頭。所以有時我們要去哪裡，還要問她要坐哪一班車、哪裡下車，她比較知道。她很愛出去兜風，比較外向；阿源和阿理比較內向，他們倆和她的個性比較不同。她也比較樂觀，比較不會煩惱。阿理、阿香都很愛唱歌，喜歡合唱。

阿香羨慕跳芭蕾舞

有一次，阿嬤（我的養母）生病住院，因為是住在加護病房，時間到才可以進去探病，我們就在馬偕醫院外面談天。阿香就跟我說：「媽媽，你知道嗎？我以前很想做什麼？」她很想學芭蕾舞。（在台南還未去花蓮時，慕源三歲開始學小提琴，可惜到玉神就沒得學。）我記得在玉山神學院時，阿香說她很羨慕跳芭蕾舞。那時她有跟我們提出，但我們想說牧師的女兒跳芭蕾舞好像比較不合適（不過芭蕾舞也可以跳宗教曲之類的），那時在玉神不方便，我們的經濟也不允許，也是認為跳舞好像比較不好，就都沒有讓她去學。她很愛演戲，小時候聖誕節時有上台演戲，到後來在神學院演戲時好像都是她在當主角。那種即興演戲，她很厲害。她就是唱歌、演戲這方面，好像是當孩子王。這三個孩子就是不同。

對孩子我們感到很遺憾的，就是跟人比起來，似乎沒給他們最好的。他們可能會想：「一樣老師的小孩，人家都帶到花蓮去，甚至幼稚園就帶到花蓮去讀幼稚園，學校也是選擇去唸較好的。」我們讓他們在原住民的學校和原住民一起讀。他們若要這樣比較，會覺得爸爸和媽媽很不公平，不能讓他們和朋友有一樣的待遇。爸爸的觀點是：「孩子的做人最重要，老實、忠厚、有愛心最重要。一生的為人不是取決於學歷的好壞，所以就比較不注重一定要唸最好的學校。」孩子可能會想：「人家在學什麼，像鋼琴一直彈上去，還是說小提琴一直拉上去，人家都有那個機會，為什麼我們沒有？」但是到台北時，我們盡量讓他們學。那時候，初中要升高中才考，國小到國中不用考，所以就讓慕源再學小提琴，阿香、阿理學鋼琴，特別是學唱歌。在學業方面，慕源跟阿香比較吃力，阿理因為比較小就來到台北，所以功課就比較趕得上。

慕源與淡江中學

慕源本來唸中山國中，後來就轉到淡江中學。慕源很不喜歡住學寮（註：學生宿舍），有的時候還要拜託他去，他喜歡住家裡。曾有一次，他的小提琴老師禮拜日來幫他上課後，要載他去學校，看他要買什麼東西，如美術課的材料等，要帶他去買，再帶他去學校，但是他不要去，學琴完後就去睡。我說：「老師要載你去了。」到後來才跟我說：「你不會自己去住看看。」他比較不喜歡跟人家參雜，喜歡在家有自己安靜的房間，所以他叫我自己去住看看，可見他很不喜歡去住學校。阿香反而很喜歡，國小畢業後看哥哥住校，就自願要去住校。她很會跟人打成一片，很快樂的樣子；慕源比較安靜、比較害羞。他們的零用錢都寄放在老師那邊，老師每個禮拜給他一些零用錢。他很古意（註：憨厚），都會預留週末坐車回家的車資。不過，好像有一次要去看電影，不知是學校帶去，還是和同學去，但不小心用了車錢去看電影。老師那邊還有他的錢，那個老師是我的堂弟，他可以跟老師說：「我沒錢了，請你再給我車錢。」但他不敢跟老師要。通常週末他都會在我們吃午餐後就回來了，那天沒回來，我覺得奇怪。一直到下午三、四點（那時在長春路那邊），有聽到「摳！摳！摳！」甚是疲憊的腳步聲，他背一袋要洗的衣服，慢慢地爬到四樓來，滿身都是風飛沙，我說：「你去哪裡？為什麼到現在才回來。」「從淡水走回來。我的錢用掉了，沒錢坐火車。」他說。我說：「錢就在阿舅那邊，你錢都寄放在那邊，你跟他拿就好了，那是你的錢啊！」他不敢跟他拿，沒有車錢回來，就用走的。在路上很熱，看到人家在賣冰棒，很想吃，但也沒有錢可買。就這樣走、走、走，從淡水走到台北，走好幾個小時，又背著那包要洗的衣服，從樓梯爬上四樓去。可憐！這個孩子就這樣內向。我說：「不是跟人家借，那是你的錢，寄放在阿舅（老師）那邊，你跟他拿就好，又不是多少錢。」但是他不敢。他就是這樣內向，很不喜歡去住外面就對了。不過，這樣讓他體驗一次沒錢的人怎樣……從淡水走回到家多難過。他後來的人生很多時候都是這樣，都要自己去碰壁，自己去摸索。

他很愛打橄欖球，初中時參加校隊，體育老師說：「你若體育表現得好，可以保送高中。」他的導師告訴我說：「初三了，叫他不要一直打球，要讀書。」我跟他說時，他說體育老師說：「若你體育好，可以保送。」他的導師說：「不要這樣子想，學業拼好一點比較重要，不要再讓他打橄欖球。」後來淡江畢業後，他和朋友經過考慮後，約好要一起去考軍校。我說：「軍校要怎麼樣，不好啦！」他說讓他想想。他可能和施明德的想法有一點像，說：「這個社會這麼不好，我們去讀軍校，看從裡面能不能改革。」我告訴他：「你們沒幾個人，還沒改革就被消滅掉，不好啦！」我一直跟他說，但是他們當中有一個去唸軍校。而慕源被我們說一說就沒有去了。到後來，他就念神學院。當時他們是想說：「社會怎樣我們就要改革。」單純想：「我們要進去軍中，從裡面來改革。」沒辦法，我們的力量不夠。這社會風氣若不是有很多志同道合的人在一起，實在是沒辦法。

在校內，慕源很會幫助人。陳泗治校長曾告訴我：「可惜這個孩子住在台灣，他的學科用背的都不好。他若是在美國可以領獎學金的。」在這裡就讀不好，因為都用那種灌輸式的，他無法接受。不過，校長很欣賞他，說：「若下雨，學校禮堂的門窗都是他去關、去鎖，反而那些有領錢的工讀生不會自動去做，都要叫他們去做什麼，他們才做什麼。」校長說：「你這個小孩不用別人叫，他看到就會去做，甚至廁所馬桶壞掉了他也會去修理，不用跟他說，他會自動去修理看看。啊！很可惜他住台灣，沒有那個讀書的好環境，他不適合台灣讀書的環境，讀得很累也沒有很好的成績。他愛的科目是很好，若一般算起來不是很理想。」阿香成績也不是很理想，也是平平，也同樣去唸淡江，她很享受住校的生活。

台灣的教育問題

黎理初中三年級下學期某一天，發生了她很傷心的事。學生每週都要寫週記，某一週同學們都在談論班上某位老師，因為他常常會叫學生上台在黑板上寫解答，若寫不對，會當場罵人，很不尊重學生。那週末有幾位學生在週記上寫有關這位老師的事。有一位學生寫那位老師有「虐待狂」，那一本週記當時放在最上面。導師看了之後，將此事告訴那位被批評的老師。這消息走漏了，這位寫的學生趕快去把她的週記插進裡面，變成黎理的週記放在最上面。那位老師把第一本翻一翻，又沒有仔細地看，上課時就叫黎理起來罵。黎理說她沒有寫「虐待狂」，她是寫：「老師教學生，應該了解學生的心理。學生不會時，要好好教導他，使他聽懂，他對老師的課就會發生興趣，不要答錯了就罵他。這樣反而造成學生對老師恐懼，對老師所教的課就不會感興趣。」她是說誠實話，並沒有說老師有虐待狂，但被老師叫起來訓話，又被加上她所沒有犯的罪狀，她覺得很痛苦又沒自尊。她回來時很傷心，一直要求轉學。我開導她：「你已初三了，你現在要轉校到哪裡？很難轉，你再忍耐一個學期就可以畢業了。你去學校，老師要你寫一份悔過書什麼的，你就寫說我是出自內心，我是怎樣寫怎樣寫……我期待老師是怎樣的老師，我沒有這樣罵老師是虐待狂。」「沒關係！你還是要再回去學校。」我就引用聖經來告訴她，我曾讀過一個故事是：「在某院子裡面，好像有一塊不好的石頭，不過在上帝看來卻是房角石那樣重要的石頭。在老師

全家人攝於台北

眼中，好像你是一個不好的石頭、是個阻礙，但主耶穌看你是寶貝，你是一個好的學生，你是主耶穌所疼愛的子女。你敢勇敢地說出來！那個老師不對的地方，你敢這樣寫出來，你沒有用罵的，這樣你沒有錯。你是在週記寫，寫你心裡的感想，所以你沒有錯，你儘管再去學校。主耶穌疼你！你在這個時候不要轉校，你若轉校，在學校人家也是會說你怎樣……雖然不是你的錯，但人家就會傳說，你做錯了才要轉校，所以你才不要在這個學校。你現在要轉到哪一個學校呢？你已經初三了，不好轉。」我用了很多時間跟她談論，談到她高興。要換成是我，我也沒辦法再去那間學校，但她忍耐後有再回去。這點讓我覺得，還好主耶穌的幫助，讓她走過這個難關。這實在是很難！由此可以知道那個時候的教學及老師的態度。

我也曾跟阿香及阿源的老師理論過。那時動不動就說放牛班什麼的，這對孩子的自尊心是很大的傷害。老師對孩子的教法應該是用啟發的，用愛來引導，或許起初學生很不喜歡這門課，但老師若好好地引導，就會變得很喜歡老師的那門課，有的或許會變成這門課的專家。老師要了解學生的心理，不要一下子就斷定這學生是放牛班的。孩子可能是一次考不好，或是對這門課的教法不感興趣，所以沒有好好地讀。我常常和老師理論，但是放牛班、填鴨式的教法都沒有辦法改變。我盼望現代的老師可以用比較好的方式、啟發的方式，讓孩子可以從教學得到幫助，讓他們可以喜歡這門課，他們聽得懂、覺得有趣，就會去讀。現在大家在談教改，有人說：「越改越亂。」我不知道實際成果如何。我們在國外看的例子，或是讀一些書可以看到，被看做沒用的孩子，後來有當發明家、做得很好的人。日本有一本書《窗邊的小荳荳》，描寫一位小女孩實在是很有創意、很聰明，但是她的小學老師不了解她，都照古式的教法，沒有辦法教她，看她為壞小孩、笨小孩。其實她有很多好的創意，有很多的疑問要問，但老師沒有給她機會，所以荳荳的母親就自己教她，後來她成為日本有名的親善大使。這就是教學方面的問題。我這三個小孩讓我有很多的體會。

婦女在家庭中的多重角色

我和牧師都覺得，我們對三個小孩的教育有很大的虧欠。就是說，我們都注重在公領域的事工上，牧師差不多都是在學校或是總會事務所，小孩的事情差不多都要我負責。我覺得，教孩子就是要父母平衡地兩人一起來教育，這樣才不會遺憾。所以，很注重你的事工、使命，對小孩子也是覺得虧欠很多。和別人比起來，我們和好的是無法比，跟壞的比，我們是有盡力了。但從小孩子的觀點來看，爸爸好像不是我的爸爸，是大家的爸爸，爸爸給我的時間很少，我很需要他的時候，他都無法幫忙我。後來，他們也會埋怨說，媽媽也是公事很多。我實在是在孩子小學、初中到高中，都盡量在家裡；他們上大學、當兵後，我才比較有參與公共事務。之前在玉神有參與教書，或是訪問學生的教會，那時有阿嬤、阿姨住在一起，就覺得有人在照顧他們，不過阿嬤、阿姨跟父母的感覺，在孩子來看是不一樣。阿嬤是會給他吃、讓他高興，應該教的時候不會深入教導他，阿姨也是這樣。所以從小孩來看，我們顧別人勝過顧他們。我們也是覺得很虧欠，沒有更多時間給他們，現在要補救也來不及了，我覺得當孩子需要我時，我應該隨時應付。

我是有注意孩子從小學到中學的時期，家裡又有三個老人家要服侍，所以我都盡量在家裡。不過，我不是全部的時間都給孩子們，還有孩子的阿嬤、阿祖。教會的事工有主日學或是婦女團契，有時還有基督教婦女會的餐會，一個月一次，藉此帶未信主的朋友來參加，是超教派的，在餐廳舉行，有音樂節目，有簡單的短講，最主要有見證或是講道，在那裡也有奉獻。奉獻對象是那時在恆春幫孩子矯正脊椎的醫院，我們為這個團體要奉獻多少，每個月都有訂目標。我們盡量找未信主的來，有外國人、說北京語的、說英語的、說台語的。每個禮拜有查經班，要參加英文的、日語的、台語的、還是北京語的都可以。我帶一班台語的，差不多十年之久，有這些超教派的姐妹，我們一起學習。到牧師被捉、我沒有辦法了才停止。小組查經班每週一次，從上午十點到中午，當時我有請一位原住民小姐幫我做家事。我的意思是我都盡量在家裡，不過他們的看法是媽媽未盡到責任。我和牧師到現在都覺得當時應該用一點時間，聽聽孩子的心聲。我們的孩子在這方面是過來人，現在都會注意這一點，要給孩子多一點時間，尤其是小學、初中這一段時間，最需要父母的關懷與照顧。

---

1. 謝緯牧師／醫師（1916.3.2-1970.6.17）是早期雙職傳道的先驅，身為外科醫師，同時是台灣基督長老教會牧師，一九四九年受封立為南投基督長老教會牧師。畢生致力偏鄉醫療宣教，參與門諾會的山地醫療團、山地肺結核療養院、基督教山地中心診所（埔里基督教醫院前身）、北門烏腳病免費診所、二林基督教醫院等義診服務，更於一九九二年第二屆醫療奉獻獎中獲追贈全國最佳醫療貢獻獎，由夫人謝楊瓊英醫師代為領獎。一九七〇年六月十七日，謝緯帶著「**我慢一分鐘到，病人便多痛苦一分鐘，我不能讓病人多受苦**」的使命，在趕往二林基督教醫院的途中車禍，息勞歸主，親朋好友聞訊如晴天霹靂。時任台灣基督長老教會議長的謝緯留下感人的名言：「在我一生中最偉大的

力量，乃是上帝的存在。當上帝與你同在時，你便能做任何事工，只要清楚地認識每一件工作的價值，再運用堅強的意志和信心來完成它。」參謝大立，《謝緯和他的時代》，（台南：人光，二〇〇一）。

賴俊明牧師（左一，台灣基督長老教會總會議長）、謝禧明牧師（右二，台灣基督長老教會代理總幹事）與蕭清芬牧師（右一，台南神學院院長）到新店軍法處看守所探訪高俊明牧師

4

美麗島事件的衝擊

長老教會三個宣言

說到高牧師的被捉，就要追溯到我們到台北之後，一九七〇年起牧師擔任總幹事時期，台灣所面臨的危機，總會為此發表三個聲明，是最根本的原因[1]。

當年台灣退出聯合國，教會擔心台灣會受孤立，不知會不會變成像以前中國和日本打仗之後，被丟給日本當政治籌碼。咱就是怕會這樣！離開聯合國之後，咱一定會受孤立，所以那時有發表聲明，第一個聲明是一九七一年的〈國是聲明〉，就是台灣的前途要由台灣所有的住民來決定，不可由其他任何的國家或政權團體來決定。這是咱對國際社會來發聲，也是對政府來發聲。咱也不要中共或是國民黨來決定，咱的前途由所有認同台灣的住民來決定。

再來，就是咱白話字的聖經以及泰雅爾族的聖經被沒收，面對種種宗教上的壓迫。之後，一九七五年咱再發表一個〈我們的呼籲〉，來呼籲政府說，母語是上天給咱的，上天所賜給咱，不是任何政權可以搶奪去的。那時政府要推廣國語，就是所謂北京話。學校的孩子若講台語好像犯了滔天大罪一樣，被掛個狗牌子，甚至要罰錢。對教會而言，咱取羅馬字的聖經用台語讀出來，那些沒有受日本教育或是未受中國教育的阿公阿嬤，用羅馬字就會讀聖經、會吟詩甚至會寫信。我的阿嬤，就是那個一百零二歲的阿嬤（李林宇），說她去長榮女中，第一得到的是「耶穌」，第二得到的是「羅馬字」。會羅馬字，就一生會讀經、吟詩，寫信給她的兒女、孫子。所以這是本土台灣人很重要的溝通工具，也是咱的文化。但是國民黨政府把咱的羅馬字聖經沒收了，又不許再印，所以為了這個咱抗議，發表〈我們的呼籲〉，就是有關文字語言的問題。那時也有呼籲說要全民改選，要以台灣作主體地來選，不要包含大陸。也要求注重環保問題，這些都有包含咱所盼望的一個國家。

後來，美國要跟中共建交，要派代表去訪問中共。那時學校都有叫學生寫信，我記得黎理說：「他們都用抄的啊！全校都寫一樣的。」我說：「那種信誰要看，每一張都是寫一樣的。」教會說咱自己寫咱自己的，發表〈人權宣言〉，就是說人權是上天給咱的，也是聯合國所主張的，人人都有人權，人權裡面還包含很多的權利。但是咱一直在戒嚴令之下，很多權利都被剝削，那時發表〈人權宣言〉，最後一段是最刺耳的，那時可以說咱促請政府：「請政府用任何的措施讓台灣成為一個新而獨立的國家。」這一句話政府最受不了。咱不是說要政府來建一個新的國家；咱是說請政府來改革，改革一個新的憲法，國名也要換新，有新的想法、新的環境，各項都要改革就對了！一個新的、以「台灣」為國名，這個國家可以讓國際認定、參與國際社會，這是咱台灣人的願望。

這些聲明起初是一個叫做「教會合作委員會」超教派組織來共同發表，大家都商量好了，擬稿擬好了，第一個宣言要發表時，就說由什麼組織發表，就要由那個組織成員代表簽名。天主教、其他教派都說他們不方便，到最後長老教會就說，咱要自己發表。簽名的人都有寫遺書，躲在這裡寫、那裡寫，都不敢讓人家知道他們在哪裡，因為很危險，若被捉到就是要被處決。他們這麼慎重所擬的稿，到最後卻因有所顧忌，而不敢簽

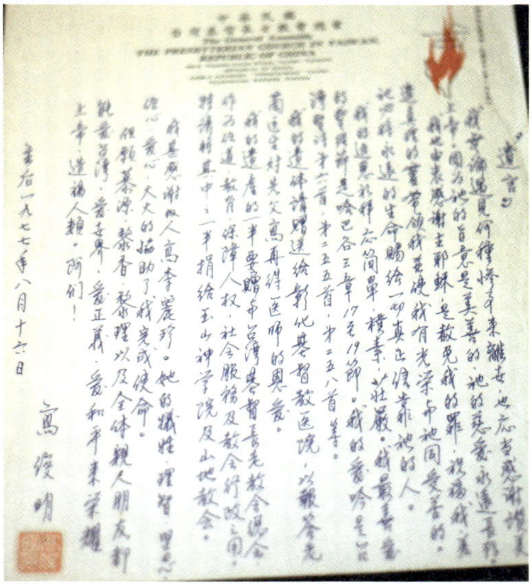
遺言

主后一九七七年八月十六日

高俊明

高俊明牧師於 1977 年寫的遺書

名，只好拿回總委會修改，再由總會來發表。總會的名義發表，總幹事一定要簽名。議長要簽，但議長是一年換一個，所以每次簽名都是不一樣的人；總幹事高牧師一做就是十八年，每次的簽名都有高牧師，所以那時政府很受不了他！一九七七年底發表〈人權宣言〉時，不是在總會年議會開會的時候，所以一九七八年的總會年議會就要追認，才能接納。那時政府用種種的辦法收買五十個人，但是跑掉一個，有一個悔改，投票的時候就有四十九票對二百三十六票，結果這個宣言還是有被總會接納。

當時政府說普世教協（WCC）是擁護中共加入聯合國代替中華民國的，就說WCC是中共的，不能參加。咱本來就是會員，政府叫咱不能參加，叫咱要退出，雖然咱有申請退出，但WCC不讓咱退出，還認定咱是會員。政府跟WCC申請補助金來做種種建設，卻叫咱不可參加。後來咱覺得一直被孤立，咱若沒有參加普世教協這個大的教會聯合國，咱很危險。雖然咱沒有在聯合國，但透過這個組織，還可以跟世界有聯繫，若有什麼事世界上的教會都會關心、幫忙。政府禁止咱參加，咱說再這樣下去不行，後來總會還正式地通過，重新申請加入WCC[2]。

從一九七八年之後，政府就要捉牧師，那時已經有放風聲出來，由美國先通知咱這一邊，請人拿信來給咱。後來宣教師知道某時某日要來捉人，就帶我們去藏。藏起來之後，國外的教會一直打電話來問高牧師到底在哪裡，包珮玉（Miss Elizabeth J. Brown）[3]牧師那時當助理總幹事，說不能說。美國有人打電報來，這邊都沒接到。後來，對方從國際電話才知道這邊沒有接到他們的電報（那時電話都有在監聽），因有這種壓力，才送來電報。將我們藏一個禮拜，國際就鬧成這樣，政府也覺得沒有面子，我說：「都還沒有捉到，就鬧成這樣。」就請教會跟牧師說，請他再回去上班，不捉了。所以，一九七八年沒有捉到，但是某天半夜來臨檢什麼的，一直在跟蹤牧師，但是沒有捉去。

捲入美麗島事件[4]

一九七九年美麗島事件發生之後，牧師捲入美麗島藏匿施明德[5]這個案件。所以，政府就開始行動，這次不捉不行了。他們好像是「電線的插頭剛好被他們插到」。起初只是說說，發表聲明卻沒有什麼行動。這次是藏施明德，他們說：「他是叛徒，你還藏他。」牧師想，他並不是什麼叛徒，他只是主張人權，主張台灣的獨立、民主化的一個鬥士而已。牧師實在不認識他，但是被捲入這個藏匿的案件裡面。所以就要捉，但沒有馬上捉。美麗島這些人捉去之後，他們卻讓施明德逃走。牧師都沒有告訴我他有參加什麼，我是看電視播出的消息才知道的。

來龍去脈就是，他們開始捉人之後，施明德逃走。施明德起初去林樹枝那邊，那邊不方便，他就去吳文那邊。中間他還有去別的地方，沒有發表出來。吳文家也是不方便，住的房子是在窄窄的公寓連在一起中間的樓上，人口很複雜，有岳父、岳母，還有孩子，常常有很多人出入，他就問到南神看看是否有人可保護他，但是南神那些危險的人都躲起來，沒有辦法，沒有人可以幫忙他。所以，就拜託趙振貳牧師找長老教會總會高牧師這裡，高牧師剛好在安排保護我們教會神學院有參與美麗島事件的校友。那時的校友會會長是林文珍長老，他們在商量這事之時，恰巧趙振貳牧師來說：「還有一個施明德。」他們就想不然一起照顧。但是，後來施明德聽到跟他們一起時表示，他較危險，可能需要另外安排，因為他比較特別，他已經被判無期徒刑了，若被捉到一定會被判死刑，所以，他才另外拜託文珍長老幫忙他。施明德私下託人找文珍長老幫忙，高牧師不知道，被要求幫忙的文珍長老說，讓她禱告看看，後來她說：「我從小到大受的教育就是，人的艱苦就是我的艱苦，別人的需要就是我的需要。聖經說，人為了朋友犧牲生命，愛沒有比這個還大。」她有聖經的那種啟示（高牧師也是如此），所以才答應。

他們起初是打算安排到宜蘭比較偏僻的地方，但是施明德說：「那很危險，現在不能離開台北。」因為每一個巷口、每一個大馬路都有在檢查車子，所以說不要離開台北，最熱鬧的地方最安全。後來想一想，文珍長老說，不然去她那裡。她實在很勇敢！聽說她們家那一棟樓有一些重要人物住在那裡，雷法章（是外省人，當時也是教界出名的人）、蔡培火[6]也是住那一棟。那一棟樓變成一個鄰，文珍長老是鄰長，常常會在她那裡開會。她就說：「看來也沒有其他辦法了，不然就來我們這裡。」她那邊很寬敞，她把兩棟的最高樓都買起來，所以出入的人比較不複雜，後來就去藏在她家。牧師不知道。後來再跟瑞雲說要如何聯絡時，瑞雲去文珍家才知道，人已經在他們家了。好像是，文珍答應時，昭輝（昭輝神學院畢業後在做生意）那天沒有事情，剛好打電話跟振貳聊天，振貳說：「你開車來一下！」他們就一起去吳文那裡[7]，載施明德去文珍的家。我不知道他們怎麼處理的，到文珍家之後，瑞雲才知道。到禮拜一，瑞雲才跟牧師說：「人在文珍那邊。」後來牧師好像有寄固定牙齒的藥，叫瑞雲拿去給他。

事後，吳文牧師心理一直很難過說：「我一個男人，卻把一個很燙手的山芋丟給一個婦人家。她有母親七、八十歲，還有兩個年幼的孩子和一個智障的小弟要照顧。」

我把施先生丟去那裡對嗎？」他很難過，所以跟施先生溝通：「你還有哪裡可以去？不要一直在這裡。」後來他才說，可以去許晴富先生那裡，許晴富腳曾斷掉，不知道是如何受傷的，施明正先生（施明德的哥哥，很出名的推拿師）曾經幫他推拿、照顧他。他說只有這個地方可以考慮看看，吳文就沒有問許先生，拿著包包就去許先生那裡，跟他說：「現在施明德很危險！不過你現在有一個機會報答，是不是可以接納他到你家？」許晴富是很有義氣的人，跟他太太二話不說，就去接施先生回家，是這麼有義氣、勇敢、重朋友情的人。

到他家之後，張溫鷹幫施先生治療牙齒。照他們說的，不是什麼整形，只是要醫治牙齒。在綠島時，施先生一個活生生的人，牙齒全都被拔光，那是一種用刑。後來，他做假牙齒時，因為牙床萎縮，牙齒裝不好，所以才說要固定起來。張溫鷹在調查庭的說明是說：「我是幫他開刀，讓他的假牙可以固定。現在沒有時間可以做假牙，只有把舊的假牙固定而已。」她就固定他的牙齒，讓他可以吃東西。他們想說，施先生有一天一定會再被抓，被抓後不知多久的生活，若要吃東西，牙齒不行，是很難過的。她幫他把假牙固定好。但是她說，那時因不要拖累別人，所以沒有找別助手。那時好像吳文有幫忙一下，她說：「不過，我幫他做完之後沒有馬上走。我有作醫生的醫德，我要看到這個人治療的過程好不好。」但是她弄完之後，到廁所洗手就看到有人在監視她，原來早就已經有人在跟蹤，知道施先生現在人在哪裡。

後來在法庭，吳文說：「不是我給你們報路，是你們要利用我的聲音。是你們帶我去，用我這個比較熟悉的聲音，他們才會開門。若是一個陌生人的聲音，再怎麼叩門，他們不會開門。你們是要利用我的聲音，你們帶我去，要我叫門。」一開始的時候，吳文也被誤會說是他去報案的，領走賞金。聽人家如此說，他實在很難過。實在不是，他說：「是你們抓我，利用我去叫門。」所以，那時也是很尷尬，開門時看到吳文帶那些人來。吳文被叫去後，誤會不知多久才洗得清。就是這樣將施先生抓去。抓去之後保護他的人就一個一個被叫去。那時瑞雲也被叫去，一個接一個，但是高牧師一直都沒有被叫。我看那段時間高牧師很難過！他沒說他做了什麼，每天早上禁食禱告，禱告到哭，只告訴我：「有一天會輪到我被捉，你要有心理準備。」我也不要去問什麼事情。出獄後他說，他若告訴我真相，我也會被牽涉，我會變成知情不報。那時，許晴富的太太被問說：「你先生在做這個，你怎麼沒有來報？」她應該也要被抓，但是因有三個孩子要照顧，就用假釋讓她在家。牧師不要牽連到我，不讓我知道，他怕我若知道，或許孩子也會知道，所以他自己擔。他就難過說：「這些人有牽涉都有被抓，為何只有我沒有？」他就很難過。

周清玉姐說，姚嘉文律師有很多忍不過的事，她就跑去總會找牧師，他們兩個就禱告到哭。她說：「高牧師入獄後卻沒有憂愁，好像很自在，這是為什麼？」那時牧師是很自責。他後來在「台灣之聲」也有說過，他一直想要去自首，但是他想要做什麼，沒有自己去行動，他都跟總會一些重要的人商量。總會重要的人有幾個知道他做過什麼事情，而我們不知道，但是有一些參與的人知道。他在說要去自首時，他們告訴他不可以，若自首這個擔子變成他擔，但拖愈久國際社會就一直關心、教會會愈關心，這樣他可以減少一些麻煩。不只是對教會，對美麗島事件的人也有影響。所以他們叫他不可以去自首：「你就要等，等到他們來抓，你才去。」

高牧師落難記

所以那個期間，幫助施先生的這些人，從十二月底就開始被抓，到隔年的四月，四月二十四日才抓牧師。當時是總會年會之後，我們有一個休假日，回台南帶黎理出去看看親人。那時，台北有人在找牧師，我們就回去。回去那晚，阿香說她要考試，她在家裡。牧師回來，他很愛吃香蕉，就問說：「有沒有香蕉？」阿香說：「晚上我沒有去吃飯，我把香蕉當晚餐吃完了。」我就出去買，牧師去洗澡。

我出去時，看到外面暗暗的，這裡也有幾個人、那裡也有幾個。我出去時把外燈開了，買完香蕉後，他們還在那裡。我去附近繞一繞，再繞回來，看他們會不會走，但他們還在那裡。我想說，我總不能在外面一直繞，一定要拿出勇氣衝過他們，開門進去。最後我就勇敢地去開門，門關起來之後，他們就一直按電鈴。我本來想進來安靜一下，我知道時間到了，面對這個問題之前，我要安靜跟主交通，也有一些東西要收拾。但他們一直按，我就出去，阿香繼續讀書。我出去開門時，一群人闖進來，有好多便衣的人，好幾台車、十幾個人就闖進來。進來時，我要進去裡面，他們說：「不可以。」叫我不能進去房間，要在客廳裡。然後，阿香說要打電話，要出去，她跟朋友約要出去吃飯，他們說：「不能出去。」她說不然她要打電話跟對方說她不能去，也不能打電話。

兩位媽媽那時都在我這邊，美國那一位（指生母）也回來住我這裡。他們剛好到我妹妹家吃飯，吃完飯之後，美國那位媽媽比較不知道事情的嚴重性，打電話給我，說她們兩個晚上要住在我妹妹家好不好。我就：「嗯！嗯！嗯！」不太敢回答，因那些制服警員都在我旁邊。幾年前要抓牧師時，在台灣的媽媽（養母）剛好不在家，去加拿大玩。她聽到之後，不吃不喝就生病了。那邊的親人沒有辦法，就說：「在這裡生病了，要怎麼辦？」直到有加拿大的親戚要回來時，才請他們帶她回來。帶回來看到牧師在家，她的病才好起來。她知道我們所要面臨的困境，就是政府要抓，牧師可能危險！她告訴美國的媽媽說：「如果你不回去，你留在這裡。到時候如果遇到事情，你就知道，而我一定要回去。」有一位長老載她們回來，她們回來的時候，電話響了，他們（情治單位）就不再讓我接了，把電話筒拿起來。兩位媽媽回來時，牧師已被帶走了！警員就開始搜查。阿香手裡拿著一本書，其實沒有在讀，就是很生氣，也不敢四處跑，或問他們在做什麼，就靜靜地坐在客廳。我在裡面，兩位媽媽回來，我跟她們說：「你們進去房間好不好？你們替我們禱告。」怕她們看到實情會在那裡叫喊、哭。我請她們兩位進去房間，我自己在我的房間，看便衣們在那裡翻，書櫃、什麼櫃子都翻！我就坐在床上。剛好牧師那天拿的手提包，放在我的旁邊。

搜得一乾二淨

他們一直在搜查、四處翻。我有兩卷錄音帶在櫃子裡面，那很危險，是有關桃園選舉時的中壢事件，有人借我，是一個牙醫生的見證，還好只有寫「見證」，我聽過了還沒有還，我很怕那兩卷被拿走。我心裡不知道要如何禱告，那時若是有十幾個人進來，就二十幾隻手了。我問他們：「要帶牧師去多久？」他們說：「問一問就回來了。」他們繼續在翻。我只坐在那裡心中說：「主啊！祢知道，我不會禱告。」只能一直禱告說：「主啊！祢知道這一切。」他們要看這裡，也要看那裡。他們有時會栽贓，放東西再說是從你這裡拿的。那麼多地方，也不知道什麼東西放哪裡。看我桌上一疊的錄音帶，他們說：「這是什麼？」我說：「我們查經班一位牧師的見證。」那是吳東河牧師，我請他來作見證，分享乩童如何變成基督徒的過程，我錄音起來要分給我們查經班那十幾個朋友，還沒有分出去，剩十幾卷。那便衣就說他要拿一卷，我說：「好，你請。」有一位指著我婆婆那一本記事本，我說：「這一本不行，我婆婆已經過世了，她的遺作你不可以拿去。」他們就再拿去放好。有一個看到我的生母和田爸爸的合照，是田爸爸的生日時照的，他們也帶走了。

聖靈用上帝的話來安慰

在搜查的當中，搜出很多雜誌什麼的，他們就用箱子裝，他們要的都拿去，但是那兩卷錄音帶他們沒有拿去。有一個人拿牧師的遺書給另一個人看，那個人手就這樣比（手掌在大腿外側比劃示意「放下」），所以他們沒有拿走那遺書。我覺得在這些人當中也有不錯的人。我最掛慮的，就是我旁邊牧師的公事包，這裡面有我們去台南時，人家拿給我們有關蔣經國私事的文件。我很怕那張文件被拿走，就放在我的身邊，他們沒有翻到這邊，他們都翻抽屜，我就一直禱告說：「主啊！祢知道這一切。」那時從羅馬書八章26節一一地浮現出來說：「**當咱不知道如何禱告的時候，聖靈用說不出的吐氣在替聖徒求，鑑察人心的上帝知道那個聖靈所求的。**」接下來才說：「**萬事互相效力，要利益在愛主的人。**」更要緊的是，接下來從31節說：「**上帝若是在咱這邊（或者是說我若跟上帝站同邊），人能把我怎麼樣呢？**（Lâng beh siá^n hoat-tit góa ta-óa？）[8] **人要如何告我？**」在那段聖經說：「**耶穌基督已經替咱死、替咱復活，祂在上帝的右邊在替咱祈禱，人要如何告他？如何定咱的罪？**」就是那些一句一句，以前讀過好幾次並不很深刻。以前讀「**萬事互相效力**」好像是最有印象，但再來那句說：「**聖靈用說不出的吐氣在替聖徒求，鑑察人心的上帝知道聖靈所求**

的。」剛好是我不知道如何禱告時，我說：「主啊！我不知道要怎麼祈禱。」那些聖經章節（我沒有拿聖經）就一句一句一直出來，到最後就提到：「**什麼能隔絕咱在上帝的愛，沒有啦！利刀、飢餓、迫害……嗎？……什麼都沒有，在那個愛咱的主咱得勝到有剩**。」他們在搜查時，那些經節都一句一句一直出來，我就靜下來，他們也搜得差不多了。

八點多來抓牧師去，十二點他們翻完了、拿完了、甘願了，寫了一張註明共拿多少件的憑據。那也是里長告訴我說：「你應該要向他們要一張收據。」我跟他們要，他們才給我的。他們出去時，才幫我掛上電話，那時馬上電話響，是南神的學生打電話來說：「十一點的電視我們有看到，我們知道，我們在為你們禱告。」彌牧師[9]也從英國打來，之後這裡也打來、那裡也打來，消息怎麼那麼快，就是有人知道馬上打去美國、英國，他們在外國就馬上互相聯絡。再過一下子總會的議長、幹部等都來，那時商正宗牧師、謝禧明牧師這些幹部來跟我商量，說現在看要怎樣來對策，要請律師的事情要怎樣、怎樣，大家都來在那裡禱告。

守望相助?!

讓我最驚訝的就是，隔天一大早，「守望相助」的亭子就搭起來。甚至，派駐的警員他們說要進來裡面，說是進來裡面保護我們。我說：「不用。」他們說：「如果像林義雄先生他們的事情發生呢？當時，他們外面也有守護的亭子，但是裡面發生凶殺案。」那時我一個姪女說：「我們的上帝會來保護我們，不用啦！」其實，他們進來裡面反而比較麻煩，我們裡面要做什麼、說什麼他們都看得到，所以我才說不用。他們有好幾層的監視，外面的亭子是監視來訪的人；我們出入，他們也會跟蹤。晚上也有巡邏，我們的大門旁邊有一個巡邏箱，三、四個小時就有巡邏摩托車來，簽好名了就把蓋子蓋下來，會「咔」一聲。有一次慕源從軍隊回來，他睡最外面那房間，他睡不著，說：「晚上怎麼都有摩托車聲噗噗噗……，然後再『咔』一聲，是小偷還是怎樣？」我說：「不是啦！是來巡邏的。你不用怕，不要緊。」若有人來，他們都會把車號記下來做清查之用。

以行動表達愛

後來，我們就商量要如何找律師，要如何替牧師辯論。我很感激的是，事發之後一、兩天，排灣的牧長從屏東來總會，他們連夜走路、坐夜車，來到台北已天亮，他們去總會事務所。這些排灣的牧師、長老去總會帶同工們禱告，之後就到我家，帶我禱告，禱告後他們就再坐夜車回去。雖然有情治單位在監視，但是關心我們的人都勇敢地來看我們，其中有原住民、平地人、牧師，還有宣教師跟外國人，也有從外國回來的人，常常有人來。

高俊明牧師被捕後，牧長與信徒在雙連教會舉行禱告會

1. 高俊明在回憶錄中表示，國民黨要逮捕他有三個原因：「第一、他們認為我應為長老教會三次聲明負責，尤其第三次的〈人權宣言〉，主張『讓台灣成為一個新而獨立的國家』，更是讓國民黨政府無法忍受；第二、我始終主張應該重新加入普世教協，不應該孤立於國際社會之外；第三個原因才是藏匿施明德的事件。後者只是導火線，我若不下獄於藏匿案，也會下獄於別的案件；總而言之，我都無怨無悔。」參見高俊明、高李麗珍口述，胡慧玲撰文，《十字架之路——高俊明牧師回憶錄》，頁二七〇。

2. 普世教會協會（World Council of Churches，簡稱 WCC 普世教協）是目前全球最大也最具包容性的普世教會組織，其本質乃是由全世界眾教會所共組的一個團契（A Fellowship of Churches），該會在當代普世運動中扮演著領導的角色。普世教協從一九四八年正式成立至今，已有三百四十九個會員教會或機構，分散於全球一百一十個國家，代表了總數超過五億六千萬的基督徒，各有不同的傳統、文化背景，其中包含了全球大多數東正教、聖公會、浸信會、信義會、衛理公會及改革宗教會，外加許多聯合教會或獨立教會。WCC 原由歐洲和北美的教會共同創立，但歷經數十年來的宣教變遷，今日絕大多數的會員教會來自非洲、亞洲、加勒比海區、拉丁美洲、中東和太平洋區。

台灣基督長老教會總會於一九五一年宣布加入 WCC，正式成為世界教會的一員，共同參與普世教會的使命。但一九七〇年，長老教會承受國民黨政府的壓力，並為顧及教會內部和睦，不得不退出普世教協，失去合一的見證，也成為台灣教會的遺憾。有十年之久，台灣基督長老教會雖已不屬普世教協，卻未遭普世教協排除會籍，期間 WCC 仍然與 PCT 保持密切聯繫，長老教會在當時秉持信仰力抗政治壓迫的努力與表現，深受 WCC 眾會員教會的肯定和重視。

一九八〇年，長老教會在重重困境中，於第二十八屆總會年會以二百四十三票比五的懸殊票決結果，通過重新加入普世教協。該決議曾遭到莫大的誤解與中傷，但長老教會憑藉信仰良知堅守立場，不但再次加入普世教協，更藉著與普世教會的互動關係，贏得世界各地人民對我國家及同胞處境的關懷。（http://church.chhs.com.tw/dongn/FaithArticle.asp?Num=5068）

3. 包珮玉（Miss Elizabeth J. Brown）牧師是英國長老教會來台宣教師，她廿七歲受派來台灣，曾經從事學生工作十六年。她在長老教會總會面臨政教衝突之際，擔任台灣基督長老教會總會助理總幹事（1977-1984），協助處理國際事務。一九八四年，赴劍橋韋斯敏斯德學院就讀一年；一九八五年七月，在倫敦被按立為聯合歸正教會牧師。一九八五至一九八七年，在台灣神學院讀完道學碩士課程，同時擔任台神院牧、英文祕書與教師等職。在台灣服事廿八年（1961-1989）之久，一九八九年返回英國里茲大學擔任校牧的工作，直到屆齡退休。參連婷美，〈跟隨宣教師的腳蹤〉，《台灣教會公報》三一八八期，二〇一三年四月一至七日，頁一四。

4. 一九七九年五月《美麗島》雜誌社正式成立。黨外人士不再勢單影隻，在逮捕的恐懼中，集體的力量終有凝聚的可能。一九七九年八月，黃信介任發行人，許信良為社長，施明德為總經理，黃天福、呂秀蓮為副社長，張俊宏為總編輯。積極邁開組黨步伐，遊說地方人士，為美麗島雜誌社地方服務處（亦即地方黨部）催生，至美麗島事件發生時在各縣市共成立十一處，一個「沒有黨名的黨」隱然成形。十一月二十五日，《美麗島》雜誌發行量達十四萬本。台灣人民熱切支持的已不僅僅是一本雜誌，而是一個戰後首次出現的「政團」。國民黨政權展開一系列鎮壓。十一月二十九日，黃信介住宅和美麗島高雄服務處同遭襲擊搗毀。十二月七日，屏東服務處遭軍斧襲擊。十二月九日鼓山事件，美麗島工作人員遭鼓山分局警察拘捕並痛毆成重傷。統治者不斷升高暴力，企圖鎮懾民主人士。十二月十日世界人權日，黨外人士在高雄舉行紀念大會，施明德擔任總指揮，遭到國民黨軍警強力鎮壓，發生警民衝突，黃信介等黨外人士遭到逮捕。這就是日後影響台灣民主最重要的「美麗島事件」。三天後，施明德在政府大逮捕中戲劇化突圍，其中由牙醫師張溫鷹（後來曾任台中市長）為其動手術。在轟動全台的二十六日逃亡之後，施明德再度被捕入獄，第二次被判無期徒刑。

5. 施明德（1941.1.15-2024.1.15），台灣政治人物，前後涉入「台灣獨立聯盟案」、泰源事件、美麗島事件，曾以政治犯身分坐牢長達二十五年多。出生於高雄市鹽埕區，陸軍砲兵學校畢業。民主進步黨第六屆黨主席，並曾擔任第二、三、四屆立法委員。

6. 蔡培火（1889-1983.1.14），曾任《台灣民報》編輯兼發行人，台灣文化協會協助推動「台灣議會設置請願運動」。一九四八年當選行憲後第一屆立法委員，一九五〇年被行政院長陳誠聘為政務委員，一九五二年擔任中華民國紅十字總會副會長兼台灣省分會會長，一九七四年蔡從紅十字會中撥出新台幣二十萬元創辦中華民國捐血運動協會，蔡任會長，先後在台北、台中、台南、高雄成立四個捐血中心。一九八三年一月四日因病過世，高齡九十五歲。

7. 一九七九年十二月十日美麗島雜誌社「高雄事件」發生，三天後大逮捕，林義雄、陳菊陸續被捕，施明德逃亡，全國通緝中。施明德不敢貿然聯絡熟人收留，因此找上陳婉真父母位於台北市中興橋頭附近的租屋，陳婉真當時在美國。在離開陳婉真父母處所後，由她弟弟陪同轉往林樹枝家，遂請林樹枝聯繫趙振貳牧師（聖經公會出版幹事）商請後續安排。天黑後，他們陪同施明德去石牌吳文牧師居所留宿，並透過關係拜託高俊明牧師安排後續的接應。幾日後，趙振貳請黃昭輝到其住所協助開車接應施明德到林文珍長老家，當晚行動二人先去接林文珍一同前往吳文那邊載施明德到林文珍敦化南路的住宅，藏匿了十多日。後來，施明德再請吳文輾轉找到作影片代理商的許晴富，變換新的藏匿處。施明德在林文珍家的最後一天，當時擔任牙醫助理的張溫鷹接到施瑞雲的通知，要求她北上幫施做假牙，所以她也涉入了藏匿行動的後段的重要工作。《26天大逃亡》一書詳述施明德逃亡的細節，其中協助逃亡人士包括吳文、林樹枝、林文珍、施瑞雲、高俊明、黃昭輝、許晴富、許江金櫻、張溫鷹、趙振貳等十人，算是美麗島事件除了軍法審判八人、司法審判三十七人外的案外案，即一般通稱的「藏匿施明德案」。詳參林樹枝，《26天大逃亡》，允晨文化，二〇一六。

8. 這句話出自舊約聖經詩篇五十六篇11節：「我倚靠上帝，必不懼怕。人能把我怎麼樣呢？」

9. 彌迪理牧師（Harry Daniel Beeby，1920-2013）是英國長老教會宣教師，志願前往印度卻在一九四六年受派到中國廈門。一九四九年共產黨包圍廈門被迫逃往香港，一九五〇年改派到台灣，一待就是廿二年。曾在台南神學院教授舊約、擔任副院長，參與並促成〈國是聲明〉發表，將該聲明遠播國際。因此，一九七二年三月彌牧師夫婦被國民黨政府驅逐出境，直到一九八七年海外黑名單解除後，彌牧師受台灣基督長老教會總會邀請才得於一九九二年四月返台訪問。

1 主後1983年民國72年9月11日 台灣教會公報 1645期 （禮拜日）

時代的米該雅
（舊約聖經列王紀上22章）

台灣教會公報週刊

行政院新聞局登記證局版台誌字第二一九六號
中華郵政台字第六四二號執照
登記為新聞紙類 發行人：金輔政
社址：台南市青年路二七二之一號
電話（062）三六〇七三一（編輯・廣告）
三七六九一三（發行・訂報）
每禮拜日出版本期二張 每份六元 全年三百元
國外訂費：港日韓泰菲美金卅元
歐美非澳洲及其他地區美金卅五元承印：南功美術印刷廠 台南市健康路二〇九之四
郵政劃撥儲金第一〇〇一二三
帳戶：台灣教會公報社

TAIWAN CHURCH NEWS
272 1 Youth Road
Tainan, Taiwan 700
TEL: (062) 360731
Cable: THEOCOL TAINAN

主後一八八五年創刊
創辦人：巴克禮
（台灣第一個大眾傳播工具）
第1645期

本報啟
本報為
高俊明牧
禁食祈禱
總會議長
牧會函，
行第一版

台灣基督長老教會總會議長
發表牧函請各教會同心祈禱
高俊明牧師會禁食祈禱五天
促請政府即准予林文珍長老保外就醫或假釋以維其健康
已提申請盼速獲准寬慰民心

【本報訊】台灣基督長老教會總會議長戴忠德牧師，為總幹事高俊明牧師自九月一日起，採取「迫切的行動」──禁食祈禱，促請准予林文珍長老保外就醫或假釋，發表總會議長牧會函（如另文），請各教會牧長、兄姊同心一意，迫切祈禱。戴議長表示：希望各教會在主日禮拜中，宣讀牧函，並同心為高俊明牧師、林文珍長老，為教會、國家而祈禱。

自從八月卅一日，高俊明牧師娘高李麗珍女士透露了高俊明牧師因極度關心林文珍長老日益惡化之健康情形，和保外就醫之申請，採取「迫切的行動」，於九月一日起開始長期持續的禁食禱告，引起教會全體的關心。

總會議長戴忠德牧師緊急召集幹部會商，研討處理此一緊急事件。決定採取緊急措施向有關單位申請將林文珍長老送醫院診治，同時要求特別會見林文珍長老及高俊明牧師，以便進一步了解目前之狀況。九月二日林文珍長老獲准前往三軍總院診治」，並作切片和X光照射」檢查。檢驗結果，

高俊明牧師

台灣基督長老教會總會議長牧會函

總會屬內各教會兄弟姊妹：平安！

總會總幹事高俊明牧師為了關切林文珍長老在獄中健康情況日趨惡化，希望能及早保外就醫，以免導致不幸之發生，自九月一日起以「迫切的行動」──禁食祈禱，以促請政府當局即日准予林長老保外就醫或假釋。

高牧師此一「迫切的行動」，係依據下列精神：

一、做為基督徒，當其面臨人所無法解決的困難時，即以禁食祈禱，全心仰望上帝的引導。

二、做為基督教會的牧者，以「為羊捨命」的「迫切行動」，來援救在生命危急中的苦難者。

三、希望及時援救林文珍長老，保全其身體健康，有助於政府建立良好的形象。

本教會懇切期望政府當局瞭解高牧師採取此項行動的精神，並急速准許林文珍長老保外就醫或假釋，以示政

為了在基督裡，
肢體就一同受苦，
妹同心為高俊明牧
。願上帝的聖靈引
基督的救恩，彰顯
家，和諧而光明的
聖經：「（主說
我在監裡，你們來
在我這弟兄中一個
上了。」（馬太福
（主說：）「我
。」（約翰福音十

主後
台

高俊明牧師在獄中仍關心重病的林文珍長老，並因此禁食祈禱，
全體教會也一同關心

高俊明牧師入獄後，國外慰問的信件蜂湧而至，
甚至有許多小朋友寫來祝福與鼓勵

高李麗珍女士自已身為政治受難家屬，卻因信仰而有平安與力量，可以去關懷同樣處境的其他家屬

5

政治受難家屬的辛酸血淚

被跟監的歲月

「便衣的」總是一直在跟監。有時，我們做家庭禮拜，他們也會來查。有一天，他們來我家，我媽媽在，我不在。他們問：「阿婆，聽說昨天你們家很熱鬧。」她說：「對，有家庭禮拜。」「有多少人來？」「很多。」「什麼人來？」「我怎麼知道，我又不認識他們。」因為她老人家，她就說：「我就不認識他們，很多人來就是了。」有一晚在吳文牧師家做禮拜，他們石牌的房子在四樓，路不寬，調查的人就借對面人家用望遠鏡在看有多少人、什麼人、在做什麼，距離比較近嘛！他們都可以看得很清楚。他們都在監聽、在監視。但是，這些家屬是很勇敢的，這些牧師也是很勇敢，不管情況怎樣，就是用聖經來安慰這些家屬。我們家若有家庭禮拜，女兒們都會回來，當兵的兒子就沒有辦法回來。受難家屬也都會帶他們的小孩來，不僅家屬，關懷者也來，信徒也來，許多人都很熱心。教會也訂一個月一次的禁食禱告會。這個禁食禱告很有趣，有情治單位特派的人來參加。有一位女性特派員假裝很親切，好像她也是基督徒一樣，就說：「我是某某教會。」大家知道這個人要特別注意。她也很自動地幫忙我們，我們要去哪裡她也跟去。有一次，一位牧師故意捉弄，禱告會的時候，牧師就說請某某姐妹禱告，她怕得不敢再來了。這種人來關心，是想要知道我們在做什麼，他們都在打小報告。

在這期間，這些家屬得著勉勵之後就會勇敢代夫出征參選公職。起初是清玉姐選國代，大家都很幫忙她。再來就是榮淑姐選立委，後來素敏姐和我都被徵召參選。特別是姚太太清玉姐在選時，我都暗中拿一些傳單去發。看守的人有在注意，想要阻擋我去發傳單。那時，剛好《三根指頭》的田原米子女士來台灣作見證，我替她翻譯。她回去時，我要去送她，她住基督教青年會（Youth Men's Christian Association，簡稱YMCA）國際旅館，我的妹婿林茂道牧師陪我坐計程車到YMCA。我覺得有車子在跟蹤我們，所以到YMCA時，就跟米子女士說：「我們不方便跟你到機場，因為我們知道有人在跟蹤我們，我們若去對你比較不好，會讓你不方便，所以我們送到這裡就好了。」跟他們道別之後，我跟我妹婿說：「我們現在坐公車回去好不好？」我們就坐公車，上公車後他們就不好跟了，因為不知道我們要在哪裡下車，但是我也乖乖地到安東市場那一站下車，對面是瑞安街，我就走進去，他們就通報說：「現在進去了，回來了。」在守望相助那邊等的人說：「怎麼都沒有進來？」我沒有進去，路邊有賣水果、賣菜的，我就沿路買完再回去，過一陣子才回到家。我有到家，他們就安心了。

專車接送

再來的禮拜日，我去中正教會，他們也是跟去，禮拜結束了人家都回去了，我們在開主日學教員會議，中午我們就一邊開會一邊吃中餐，會議結束後我們才下來（教會在二樓）。他們的車子停在那裡等，就問我：「你現在要去哪裡？」我說：「要回去。」他們說：「坐我們的車啦！」我說：「不用啦！這裡公車很方便，坐計程車也很方便。」我妹婿林茂道牧師站在我對面，對我眨眼說：「不要坐。」他們就一直要我坐，他們那時就老實說：「反正就是在跟蹤你，你也不用請車或坐公車。」我想，他們既然這樣說了，我就說：「好啦！」黎理陪我回去，到家時我就打電話給我妹婿說：「我們有平安到家。」隔日我開門，只要我開門他們就會問：「你現在要去哪裡？」就要載我，大概載了有一個禮拜，讓我出入很方便。

有一次，我一個朋友，她從小患小兒痲痺，被車撞到，在仁愛醫院住院。要過聖誕節了她告訴我：「牧師娘，你可以幫我轉院嗎？我是基督徒，住這個不是教會的醫院，我住得很難過。」我說：「將你轉院去馬偕。」要幫她辦轉院，就要一大早去醫院，還要去她上班的地方拿在職證明，然後到仁愛辦退院。她要轉去馬偕竹圍分院，才能住比較久。要去馬偕之前，我要叫救護車載她去，他們就說：「不用啦！讓她委屈一下，我們這裡不是很好坐，勉強坐這台就好了。」我說：「不好意思，還讓你們跟到那裡去。」他們說：「不要緊，反正就是要跟著你嘛！」我就坐後面，讓她躺在我腿上。我們先去馬偕的本院做檢查，之後辦住院，再載去竹圍分院。他們看這麼大的醫院就問：「這馬偕也是基督教長老會的喔！」他們說：「我們已認識你們長老會的組織，認識得差不多了。」我說：「還多得很呢！不是這樣而已。」從早上到晚上，我說：「都好了，我請你們吃飯，讓你們忙一整天了。又載我回去。」他們說：「不行，我們不能讓你請，不用了。」

他們還算很親切。所以我也拿《三根指頭》的錄音帶給他們聽，拿《宇宙光》雜誌給他們看，好像當朋友，不要談政治就好了。在那裡看守的人，有時看他們熱得要命，去比較有陰影的地方站，亭子裡面很熱。端午節時我拿肉粽給他們吃，他們說「不行」。

平常相處是很親切，但他們都暗中記人家的車號，之後會把車主召去訊問。我之前說那個錄音帶的物主——吳牧師，也曾被召去訊問。那錄音帶只是見證，講述他以前是乩童，之後如何信主。牧師六姐的一個兒子也被他們召去訊問，他想說：「為什麼當局知道我的背景資料？」原來是他的車牌號碼被他們查出，這車是他太太的，從太太查到先生，就召先生去問：「你為什麼常去某某某人的家。」他說：「我的親戚，我不關心，誰要關心？」他也很有膽量，常常來看我們，他都很大膽地說：「我的親戚，我就要自己關心。」我覺得雖然四面好像很多敵對，其實還有很多關心我們的人在周圍。

慕源當兵受池魚之殃

慕源神學院讀一年之後當兵去了！因爸爸的關係，在軍中常被關禁閉、被調查，受很多苦難。慕源當兵抽到三年的，原本應該是二年。抽籤時，他一大早去排隊，有人說：「你不是這排，你是那排。」到那排時，說：「你的號碼過了，人家幫你抽完了。」拿一支三年的給他。有一個條例是說，父親若是五十歲以上而你是獨子，可以

民国69年5月4日

親愛的爸爸 收信平安

結束了一星期的磨鍊，又到了星期日——放假日了，我回到家，見到祖母、媽媽、妹妹及親友們，心裡很平安很快樂，我也接到了黎理哥給我的信 從中得知她的信心很是堅定。家裡教会都平安請勿為此擔心。

再見！

兒慕源 敬上

親愛的，謝謝你的来信，知道你的生活情況使我們很放心。

約書亞1:9，以賽亞40:10。

中中女宣向你問安！

愛你的 珍 上

敬愛的爸爸收信平安：

家中一切都很好，請勿掛慮，學校師生都很関心，常常代禱，學長、學姐們都很照顧我。

很感謝上帝，在此困難中能体会到上帝的愛，希望爸爸也能体会到，我們会更加孝順媽媽，更聽她的話，請放心。

星期三能見到您，實在很高興，知道您一切还好，我們都繼續為您代禱，希望您們在獄裏能為主作工，我們深信这一切都有上帝的旨意，上帝一定会保佑您、扶持您的，我們願將这一切交託在主手中，主的僕人主親自会保守的。

黎理信心很堅強，她希望爸爸也能堅強

再見！

願主恩永偕

女兒 黎香 敬上

賢弟俊明

听麗珍說你一切都好，看樣子身体也不錯，我們大家都很放心，每天為你祈禱，親戚、朋友們都太関心你，他們的誠意熱誠我想你会了解。麗珍很堅强，大家都喜歡她的為人，更受感動，認識你的人、尊敬你的人們都要問好你好。万事交託主，願主保佑你！

四姊

申請減一年。但是，要把父親住過所有地方的戶口謄本帶去申請，我就去找，所有牧師住過的地方都去找，連高中時代的也要。我就盡量去收集，我想收集到差不多了，拿去時，他們說：「你還有一張沒有拿到，說是新店的某某地方。」我說：「我們又沒有搬到新店過。」他說：「有啦！你先生被關進新店看守所，他的戶口就被轉去那裡，你要去新店拿。」還要跑到新店，還好是情治人員載我去的。新店舊街很窄，早上路邊都在賣菜、水果等，他們不敢讓我自己下來走，就一個開車，一個（體格很好的）下來開路，趕那些人說：「讓開一點。」可能那些人想說：「那個人怎麼這麼神氣，路這麼窄下來走就好了，還坐在車上，叫人家移開一點。」就這樣帶我去戶政事務所領戶口謄本，領到之後又帶我去區公所。

原宣有大專事工的學生中心，禮拜日有做禮拜。我有一次被邀請去講道，他們也載我去，我上去講，他們就等到我下來。我真的體會到聖經羅馬書八章28節所說：

「**我們曉得萬事都互相效力，叫愛上帝的人得益處，就是按他旨意被召的人。**」

黎理校園受審訊

阿理跟慕源一樣，在爸爸受難的時很受苦（註：牧師娘哽咽十數秒）。她讀台南家專，起初很理想，在她很愛的聲樂系就讀。但到二年級時，美麗島事件發生，爸爸有參與藏匿施明德的那件事，我們都不知道，他沒有告訴我們，沒跟孩子說。剛好總會年會之後，我們有一天休假的時間，就回台南。那時，台北那裡就一直打電話找牧師說人家要找他、關於什麼事情，牧師就說：「那些事總會的人知道，問他們就好了。」姐姐的孩子說：「五舅，你的身價值好幾千萬喔！你要小心喔！人家會設計如何陷害你喔！」所以，他心理都有準備，但是我不知道到底是什麼。那日，我們還帶阿理到姑姑那裡吃飯，帶她去秋茂園看看，那天下午帶她回學校後，我們才回台北。但沒有想到回來那個晚上，牧師就發生事情了，被捉了。阿理都不知道，隔日學校的五個教官一個一個都叫她去問：「你家多大間？那是不是你們的財產？你曾經看過施明德嗎？」她說：「看過。」「在哪裡看過的？」「在報紙上。」他們想說她曾經看過，是不是能找到一些線索。她說在報紙上，教官很失望。每個老師都問東問西，她一個十多歲的孩子就覺得有什麼事情發生，但他們都說：「沒有！沒有！」但是她要出去，比如禮拜六要去教會練習聖歌隊。老師說：「不行！你不能出去。」她說：

「我有跟人家約，禮拜天我要去獻詩！」老師說：「不行，你就是不能出去。人家可以來看你，你不能出去。」她就沒辦法！她姑丈和一位在學校當老師的堂姐會關心她，拿東西給她，來看她，幫助她。

但是有一日，有一位同學告訴她說：「我受派、有幾位同學都受派在監視你的行動，什麼人跟你說話，我們都要跟老師報告。」她才知道，她很難過的是：「你要對我怎樣沒關係，你不要害關心我的人。」她說那時她當班長，都要裝成很堅強、沒事的樣子，內心其實很掙扎。她常常晚上就會問：「耶穌！為什麼？」獨自一人在那裡，父母也不在身邊，只有靠耶穌。但是我們通電話時，她都說：「沒有事，我都很好。」她自己忍著，告訴我她沒有事。「你要安心。」後來是她的姑丈打電話來告訴我說：「那種學校不用讀了，來帶回去啦！孩子在那裡，到最後會崩潰的。」我聽到這樣就趕快說：「阿理，我們停學不要讀，我們暫時回去。」就讓她回家。

因為她沒有讀高中，暑假就用同等學歷去考台灣神學院音樂系。考進去後，就從家裡通學，後來去住宿舍。阿香也在那裡讀教育系，姐妹倆都在那裡讀書。她們在學校，人家都很羨慕說：「兩姐妹好像朋友，很要好。」和阿源也是，三個都很要好。她們有時會帶朋友來家裡。我們有受難者家屬的聚會時，她們也會參加。那時國外有人在關心我們家，德國有人提供獎學金要阿理去讀，她不要。日本也有人關心，說日本比較近，去日本讀書。她說：「爸爸在裡面，我離不開。」每個禮拜一次的「面會」（面晤）時，她和阿香跟著去。回來台北之後，阿理生活就比較順利，當然在家裡有人二十四小時監視，在外面有人監視，在家裡電話也被監聽，他們都很習慣。

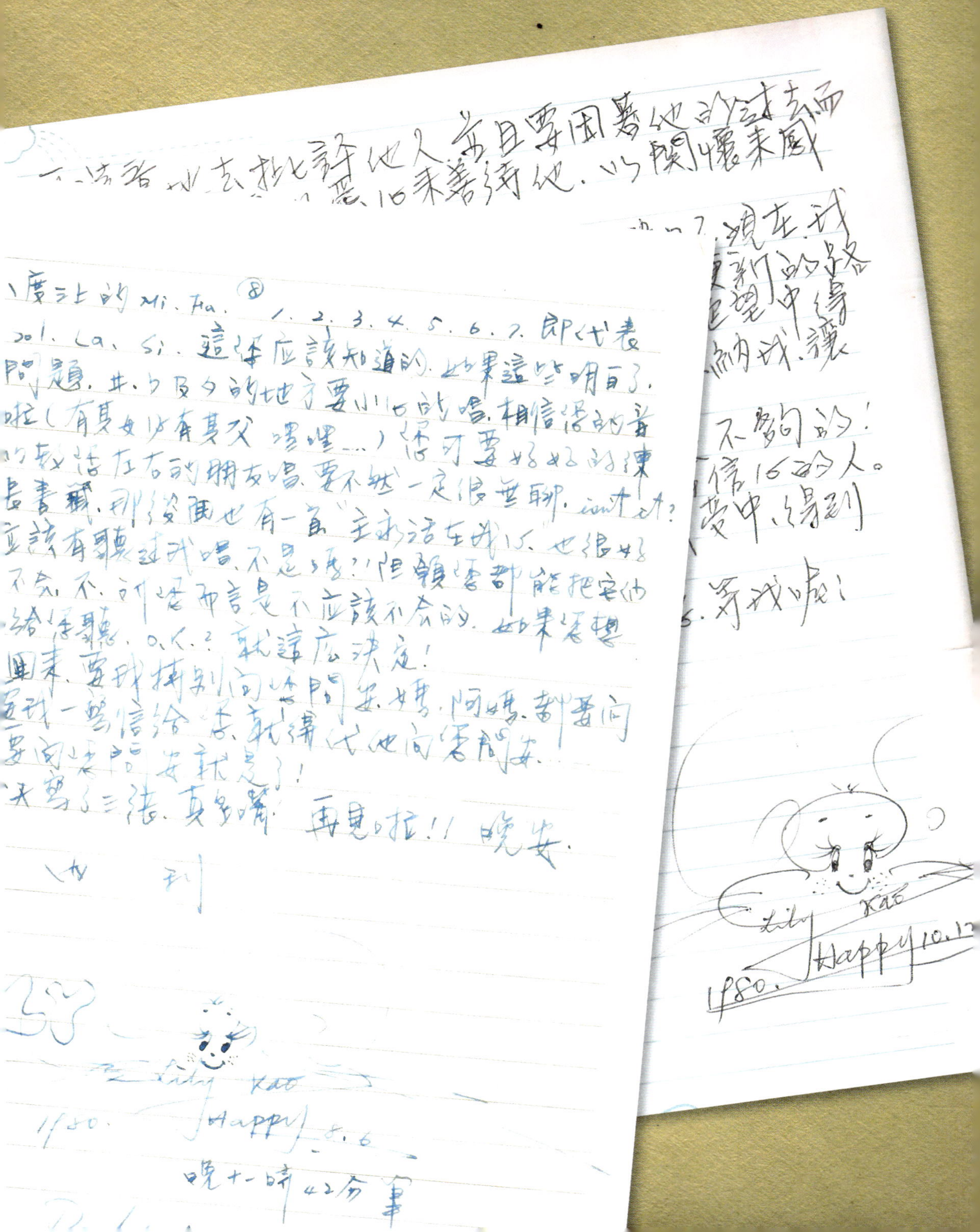

去批評他人 並且要用著他的 以關懷來感
善待他
現在我
更新的路
盼望中得
納我.讓
不夠的!
信心的人。
夢中.得到
等我喔!
Lily Kao
1/80. Happy 10.17
度之上的 Mi. Fa. ⑧ 1. 2. 3. 4. 5. 6. 7. 即代表
Sol. La. Si. 這你应該知道的. 如果這些明白了.
問題. 其.ㄅㄆㄇ的地方要小心的唱. 相信你的音
啦(有其女必有其父 嘿嘿...) 你可要好好的練
在你朋友唱. 要不然一定很無聊. isn't it?
長書籤. 那後面也有一首"主永活在我心"也很好
应該有聽过我唱. 不是嗎? 但願你都能把它的
不会. 不. 对你而言是不应該不会的. 如果你想
給你聽. O.K.? 就這麼決定!
週末. 要我特別向你問安. 媽. 阿媽. 都要向
要我一點信給你. 就請代他向你問安.
要向你問安就是了!
大寫了三張. 真多嘴. 再見啦!! 晚安.
女 莉
Lily Kao
1/80. Happy 8.6
晚十一時42分 筆

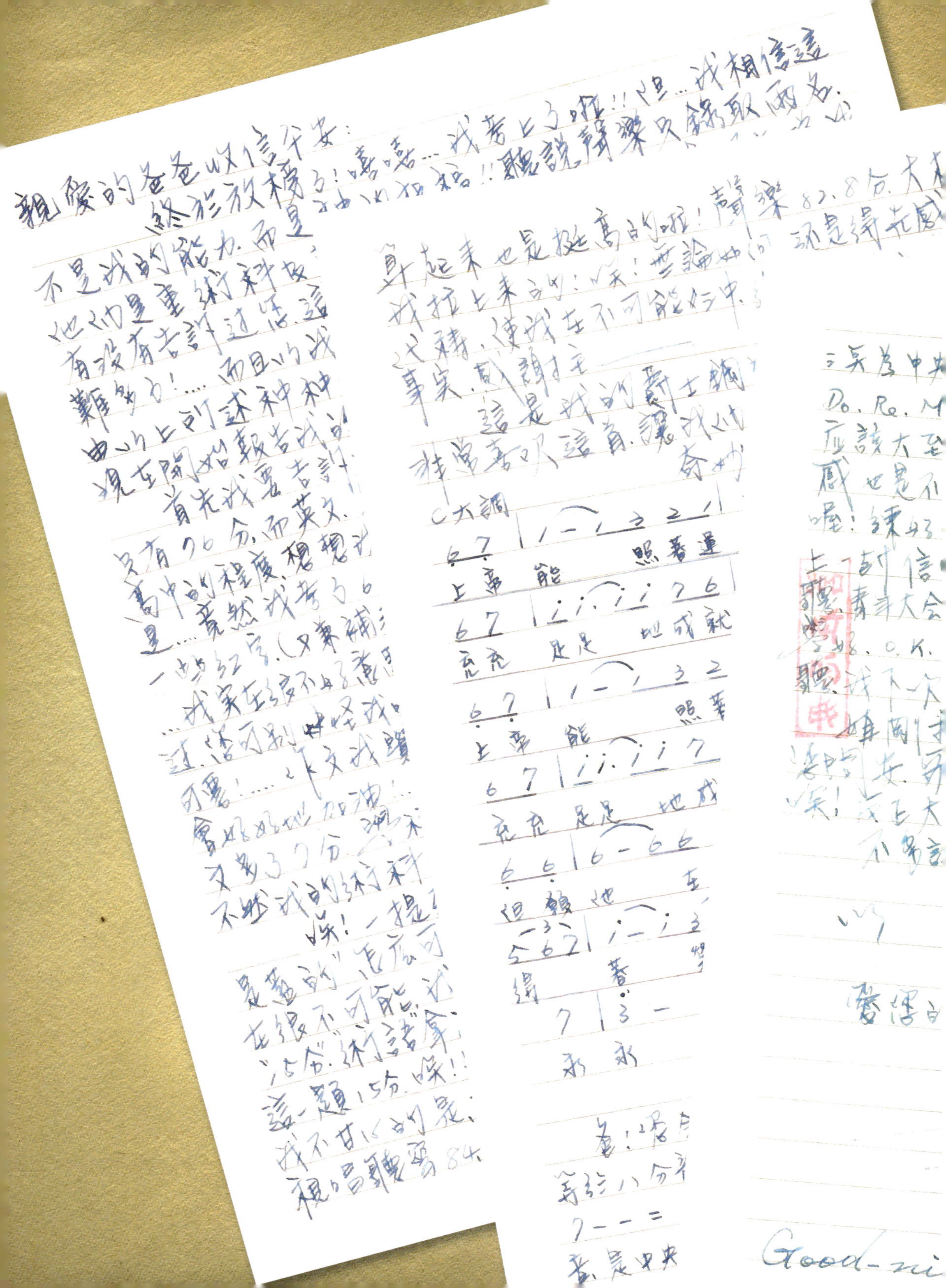

親愛的爸爸收信平安：
終於放榜了！嘻嘻…我考上了啦!!但…我相信這
是加油打氣!!聽說聲樂只錄取兩名.
不是我的能力，而是
他們是重新評分
有沒有去評過呢，這
難多了！…… 而且以我
由以上所述種種
現在開始報告我的
首先我要告訴
只有76分，而英文
高中的程度，想想我
是……竟然我考了6
一些紅字（又兼補
……我實在是不好意
可惡！……下次我
會好好地加油！…
又多了7分，
不妙 我的術科
唉！一提
是最的"危險"
在很不可能，我
"15分"術語拿
這一題15分 唉!!
我不甘心的是，
視唱聽寫84.

算起來也是挺高的啦！聲樂82.8分，大
我拉上來的！唉！無論如何
還是得先感
事實，感謝主
這是我的爵士鋼
非常喜歡這首，讓我們
奇妙
C大調
6 7 | 1 — 1 3 2 1
上帝 能 照著運
6 7 | 1 1 1 7 6
充充 足足 地成就
6 7 | 1 — 1 3 2
上帝 能 照著
6 7 | 1 1 1 7
充充 足足 地成
6 6 | 6 — 6 6
但願 他 在
5 6 7 | 1 — 1 3
繼 著
7 | 3 —
永 永
等於八分音
7 — — =
就是中央

三符為中央
Do. Re. M
應該大至
感 也是不
喔！練好
一封信
青年大会
好 O.K.
我下次
安
唉！
以
愛你的
Good-ni

受難者家屬在台灣神學院舉行聖誕慶祝會

6

上帝的旨意最美善

關心美麗島受難家屬

我以前有帶台語查經班，那時牧師還沒有被抓，這些美麗島事件的領袖們都被抓去了。有一次在查經班結束後，田媽媽（田秋堇的母親）跟我說：「牧師娘，那些受難者家屬都聚集在張俊宏先生和榮淑姐的家在包禮物，要給他們的先生，她們一面哭一面包禮物（因為聖誕節快到了），你去安慰她們一下嘛！」那時查經班有一位聖教會的姐妹就應說：「牧師現在正處『烽火頭』，你還叫牧師娘去那裡！」她說完自己就覺得這樣說不對，基督徒不應該如此，改口說：「好！我陪你去。」我們就去。

去時她們在包禮物。不知道怎麼向她們開口，就是有失敗感，很無奈，我從來沒有那樣過。我在那裡說：「耶穌的愛、耶穌如何疼你們、在患難中耶穌如何幫忙你們……」但她們哭她們的，好像我說的不被接納。我就在想，可能她們在想說：「我們的情形，你不知道；我們怎樣難過，先生被抓我們有多難過，在外面被監視、被跟蹤，你也不知道。你只說耶穌怎樣怎樣。」我所說的，好像沒有打動她們的心，我覺得很無力。

信仰的力量

但是牧師被抓後，受難家屬們聽到牧師被抓，就來找我。她們主動地告訴我，要如何去送東西，因為我不懂何時能夠去送、去面會。剛開始，我不能面會，只能送東西而已，之後再過多久就可以面會。如何找律師？他們有經驗，我們教會也在找，有組織一個律師團。牧師有他的辯護律師，也是基督徒。找這些律師，就開始跟他們接觸，問一些事情。在這個當中有些受難者的姐妹，會跟我分享。我記得素敏姐告訴我：「義雄和我都想說，我們為何需要什麼宗教，按

美麗島事件受難者家庭禮拜於台北高家，站立者為黃信介夫人

照我們的良心做就好了。不過一旦遇到這種災難時，我看你們有信上帝的人，比較平安，你還有能力去幫助這些受苦的人，我們只有每日哭哭啼啼。你家也有守望相助亭在那裡，都有人在監視，跟我們一樣，不過你們那邊好像大家都敢去，我們這邊大家都不敢來。」姚太太（周清玉）說：「我們好像是痲瘋病人一樣，人家都不要來我們這裡也就算了。有什麼東西要給我們，就說：『某某人有東西要給你，在某某地方你自己去拿喔！』都用電話告訴你一下。我們覺得你很平安，好像有個盼望一樣。我們都沒有，每日哭，眼淚當飯吃，我們也很希望、期待有那個平安。」

受難家屬家庭禮拜

我以前要跟這些未信者分享道理、傳福音，她們都把心門關起來，好像有個高牆圍在那裡。我聖誕節去跟她們說：「上帝如何照顧你們、疼你們。」她們哭她們的，我說我的。現在機會已經到了。我就趕快跟翁修恭牧師、商正宗牧師、鄭兒玉牧師他們說：「我們需要家庭禮拜，這些家屬很需要有人關心。」就這樣開始。我們每個禮拜都在探監的前一晚做家庭禮拜。起初是在我家，或在其他基督徒的家庭，後來他們說：「請來我們家裡。」黃信介[1]先生娘說去她家，甚至天福嫂（藍美津）也說去他們那裡，因為她的大伯（先生的兄長）也被捉。榮淑姐（許榮淑）、姚太太、素敏姐也說去他們那裡，就這樣輪流，瑞雲的弟弟有時上來參加，阿菊姐（陳菊）的弟弟、秀蓮姐的姐姐（前副總統呂秀蓮的姐姐）秀絨姐，他們都會關心、參加。在家庭禮拜當中，有牧師勉勵，大家都會分享自己的苦難、有什麼事情要代禱，有什麼問題都拿出來討論，大家互相幫忙。隔天去探監時，大家就會說：「我得到什麼安慰、得到什麼……。」有什麼消息都會在那裡告訴她們的先生。面會時，若有不能說的，監聽人就會切斷我們的電話。有時我跟牧師用日文說，電話監聽者都會切斷電話，說：「不能用外國語。」我說：「若是人的名字呢？」他們說「你就用翻譯說好了。」或是，有一次牧師作歌，他用英文唱給我們聽，他唱完了，是短短的歌。他們也切斷電話說：「不能用外國話。」牧師跟他們說：「好啦！我已經唱完了。」

牧師傳福音受阻

牧師被捉之前，我們一直想要傳福音，但門好像一扇扇的被關起來。那時很可憐！文化大學長青團契請他去演講，時間要到的時候，負責的學生才打電話來說：「牧師，抱歉！請您不要來好嗎？我們有困難。」牧師說：「不要緊，你們方便的時候，我再去就好了。」有一年，年初一是湖口教會八十週年慶的日子，他們的牧師曾邀請高牧師去講道。紀念日的前一個晚上，他們的牧師打電話來說：「高牧師，我受到很大的壓力，有關單位向我們八十歲的阿婆施壓，若是我就沒有關係。從下午我很煩惱，萬一她發生事情，我過意不去。明天請您不用來。」牧師實在是受到很大的打擊，但他說：「不要緊，我去退車票就好了。」隔天一大早去退票。那位牧師後來才說：「講員我請好了，忽然不能來，明天我不知道要如何說，要說什麼道理？」他要辭退我們很為難，也不得已。「我們若一定要請高牧師來，不知那個八十歲的阿嬤會受到什麼打擊。」傳道的門就這樣一扇一扇一直被關，到最後就關到監獄去了。

獄中上帝重開福音大門

不過在監獄，上帝開了門！上帝讓牧師在監獄裡面靈修、讀聖經，他說新約讀十二次、舊約讀七次，有很多時間讀聖經。他可以跟獄中的人分享，四年多以來他跟六十多個人住過。在四年多期間，有時自己一個人住，有時五、六個在那個六塊榻榻米大的小牢房裡面，沒有桌椅，都坐地上。他可以跟他們分享。每一次新的人來，他都跟我說：「又一個新的。」聖經公會給我兩百本的聖經，說：「你自由分送，無論是要給家屬，還是給受刑人都好。」他若說：「有新人來了。」我就拿聖經去。他在那裡跟他們傳福音。早上找他們讀聖經，說自己的北京話比較不標準請他們糾正；晚上他再告訴他們經文是什麼意思，這樣傳福音。牧師又教他們唱歌，他們很喜歡英文歌。在裡面不能唱歌，但他們就小聲地唱，唱英文的短歌、日文的歌、中文的歌。牧師又教他們寫毛筆字。他說，有的進來就很生氣地說：「那個貪汙很多的人就沒事，我一點小事就捉進來關。」在那裡大小聲，他就說：「來，我們來寫字！」讓他們靜下來。每次若有新的人來，他就叫我帶紙及自來水毛筆，他們坐地上寫，墊一本書在腿上寫字，這樣他們才會靜下來。

有一個卡車司機突然被捕，他從台北載貨到基隆時被捉去說：「你這個是走私。」「我不知道啊！我是被人家僱用，載東西從

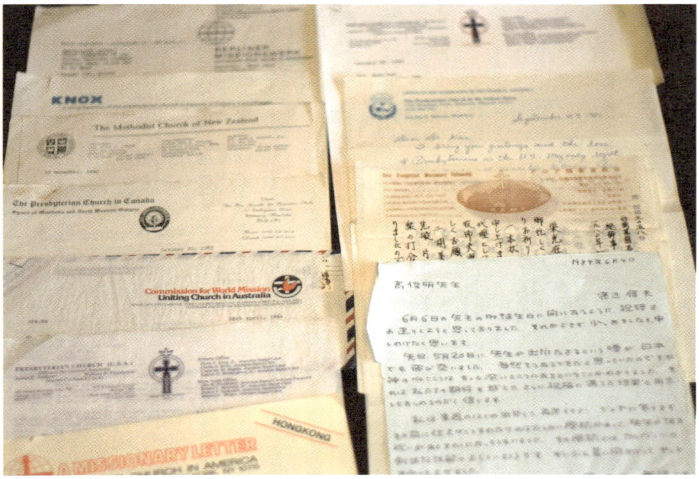

高俊明牧師因美麗島事件被捕入獄後，各國政治與宗教領袖來信關懷，或直接要求國民黨政府釋放高牧師等受難者

這裡送到那裡，那是我的責任而已。」他被捉去看守所，同行還有一個捆工少年，他說：「這個不行，讓他回去，他是小孩。」後來，有讓那小孩回去。入獄時，晚上無法入睡都在那裡哭。剛入獄未滿一個月不能與家人相見，他說：「我家父母六、七十歲，有妻子和三個孩子。我要出門時，家裡只有兩百多元而已。我從未沒回家，現在這樣，家裡的人不知道我去哪裡，他們會很著急，我在這裡也是很著急。」牧師教他讀聖經，遇到災難要學習羅馬書十二章12節所說：「**在指望中要喜樂；在患難中要忍耐；禱告要恆切。**」這個卡車司機說：「患難中我要如何忍耐，我有什麼盼望呢？在盼望中要喜樂，我有什麼盼望？我被捉來這裡，我的家人不知道我在哪裡，我也不知道他們現在如何，家裡剩下那些錢不知道要如何生活，我實在是覺得非常傷心難過，我如何有什麼喜樂、什麼盼望？要如何忍耐？要如何禱告？我不知道，我不會禱告。」因他不是基督徒。我去面會時牧師跟我說，這個司機家在暖暖，太太叫什麼名字、電話幾號，要我去訪問這個家庭，我說：「好。」我回去後就打電話給他太太說，她先生現在在某某地方，為什麼在那裡。我還跟她說：「下禮拜日，我要去暖暖教會，你也去暖暖教會好不好？詳細的事情見面時我再告訴你。」我在總會有「R.K.SERVICE 高師母救濟金」，這是國內外有人奉獻給我去幫助受難者的基金，我領了一些基金就去暖暖找她。這位太太說她是台南關廟人，還是岡仔林的基督徒，但是結婚之後就不曾到教會。我說：「我們在教會相見。」她才告訴我她是基督徒，有三個孩子。我跟她說她先生的遭遇，拿一些慰問金給她，再跟她說：「你先生很著急，我們有找律師要替他辯護。你安心！他在那裡都很好，禮拜日要帶你的小孩來教會上主日學，教會都會關心你們。」再來的禮拜三面會時，我告訴牧師那司機家的情形，讓他安心。這位太太帶孩子去主日學，她先生在裡面也開始接受主，他說：「本來是沒有盼望了，這個患難要如何忍耐。」但是，在那裡他開始學習要仰望上帝，「你的盼望就是在那裡，你要常常禱告，學習忍耐。」後來李勝雄律師替他辯護說：「這個司機不知道事情的來龍去脈。只是把東西從這裡載到那裡，這是他的責任，只是如此而已，他也不知道裡面是什麼東西。」辯完之後判無罪，後來出獄了。法院說那台車有罪。這很好笑，人都無罪、車子怎麼有罪？出獄後他有去教會，我曾去找他，他也到過我們家來找我。出獄後開卡車，他說有時趕工，睡醒就要去做工。他將羅馬書十二章12節寫在紙上貼在牆壁，當他要出門時看到那經節，就想到自己還沒有禱告（禱告要恆切），又回來禱告後再出門。所以這個基督徒有去暖暖教會，有一段時間好像去七堵教會，現在又回到暖暖教會，我們常常有聯絡，他小孩的成長也都很好，書也讀得不錯。女兒已經結婚了，感謝主！

經歷福音的門關了又開

高牧師未被關之前，傳福音的門一扇一扇地被關起來，入獄後傳福音的門在獄中打開了。他在獄中向獄友傳福音，而我在獄外可以向受難家屬傳福音，實在奇妙。在這六十個獄友當中，不知道有多少人信主。我知道有幾個去教會。福音的種子撒在那裡，什麼時會發芽，我們不知道結果，但是，上帝讓他有機會經歷福音的門關，再從監獄開門。這些受難家屬未信主以前，我想要跟她們傳福音有一道牆在那裡，

1984 年在加拿大多倫多的 Knox College，高李麗珍牧師娘代領榮譽神學博士學位

不過，透過這個苦難，那牆被打開了，現在她們自己靠過來了。她們說：「我們也很渴望那個平安、那個喜樂、那個盼望。」從那時我們開始做家庭禮拜，一個家族一個家族變成基督徒。有的還沒有，但種子已撒在那裡。有的像許晴富長老原是未信者（他家給施明德住的那一位），但是出獄後跟我們接觸，也變成基督徒，歸屬在義光教會[2]。以前他太太（許江金櫻）不是基督徒，現在也是很熱心，當過我們教會婦女團契的會長、關懷組長等等。她很會關懷人，人家有困難她就打電話去問：「你好嗎？你有什麼症狀就要去找什麼醫生喔！」還會說：「吃什麼比較好。」做人很親切，很會關心人。

上帝在苦難中做工

這些都是上帝在做工！現在我敢說：「萬事互相效力，是要利益在疼主的人。」正如創世記五十章19至20節中約瑟所說的：「**你們的意思是壞的，上帝的意思是好的。**」上帝把這個壞的變成好的。雖然我們經過很多困難，但也體會到很多上帝的愛。在極其患難時，上帝用祂的話來安慰我們，用一些疼愛主的人來關心我們，甚至連那些來搜查的人當中，應該也是有站在我們這一邊的人。牧師寫的一首很出名的詩，詩名是〈主的旨意最美善〉，詩中提到仙人掌與毛毛蟲，說：

我求主給我一束鮮花，但祂給我一棵又很難看、又有刺的仙人掌；
我求主給我幾隻美麗的蝴蝶，但祂給我許多又醜陋、又可怕的毛毛蟲。
我震驚、我失望、我哀嘆！
但經過許多日子，我忽見那仙人掌，盛開了許多鮮豔的花；
那些毛毛蟲也變成美麗的小蝴蝶，飄舞在春風裡。
上帝的旨意最美善！

我實在體會到那種境界，我求的是這個，上帝卻給我那個，但上帝有祂美善的旨意。我遇到這麼大的誤會、監視、試煉，不過恩典的門反而大開，賜下很多豐富的恩典。使我想不到的是，我竟然可以去美國國會作見證，可以去德國拜訪教會領袖。人家都那麼尊重我，這是我想不到的恩典，是從上帝而來的恩典。所以實在是感謝主，牧師雖受這個苦難，我得到很多，我們家族也得到很多恩典。

1. 黃信介（1928.8.20-1999.11.30），美麗島事件主要人物，民主進步黨第三屆及第四屆黨主席，台灣民主先行者，對抗威權的反對運動領袖。一九八〇年三月台灣警備總部軍事法庭公開審理黃信介，當時他的辯護律師即為陳水扁。四月十八日，黃信介以軍法叛亂罪被判處有期徒刑十四年。

2. 許晴富在獄中勤讀聖經，獄友吳文牧師協助在旁。當時，太太許江金櫻一人帶三個孩子生活，高李麗珍時常帶教會姐妹去探望，人權律師李勝雄也相當關心。因此，他們在義光教會受洗、成為創始會員，並積極投入政治受難者的關懷事工。參〈許晴富回憶許江金櫻　談政治受難者家屬處境〉，《台灣教會公報》，三五八一期（二〇二〇年十月十二至十八日，頁六）。

1986 年高牧師出獄後到巴西教會訪問，巴西歡迎會有五百多人參加

7

苦難帶來的祝福

走出台灣，走入世界

牧師出獄之後，不只是國內，國外也請牧師去傳福音。牧師在獄中時，許多教會組織讓我有機會參與。我參加歸正教會聯盟總會[1]（WARC）並獲選為執委，一任七年，二任就十四年之久，每年都要開會，去很多國家，在非洲、歐洲、東德、北美洲、南美洲、紐西蘭、澳洲、亞洲。很多地方我以前不曾去過，後來都有機會去。我參加亞洲基督教協會[2]（CCA）的總會，被選上四位主席團之一。我實在很害怕，但得到磨練、得到幫助。主席團任期五年，在這期間我訪問印度、印尼、馬來西亞、泰國、新加坡、菲律賓、香港、韓國、日本、紐西蘭、澳洲等國。世界婦女的公禱日，我被選為亞洲副代表一任四年，去過南非、牙買加、荷蘭、墨爾本。參加亞洲教會婦女協會（Asian Church Women's Conference，ACWC），參加小錢運動[3]等。

來自原住民的關懷

我覺得「因禍得福」，在經過這麼大的困難當中，體會到從國內外各地來的關懷。「**我的恩典夠你用**」，上帝恩典實在是每日我們都需要的，上帝都幫助我們。最可愛的是太魯閣的原住民，在牧師被關時，寫信給助理總幹事包姑娘[4]說：「你們不要忘記發薪水給牧師娘。」包姑娘跟我說：「他們是你最好的朋友，他們都沒有忘記你的生活需要。」

甚至，還有一群泰雅爾的牧師們從中部拿一個很大的蛋糕來說：「要給牧師，慶祝他五十歲生日。」他們不能進去監獄，所以在我家為牧師慶

1986 年高牧師出獄後訪問紐澳，紐西蘭牧師 Vogal 與 Mrs. Rushbrock 全家接機

祝生日。太魯閣的牧師們也為牧師的生日募款，警察知道後就說：「我替你們轉達。」他們說：「不用，我們自己會。」警察是說：「你們的名單給我，我替你們轉達。」牧師們說：「不用，我們自己會。」若是名單給他們，警察就知道誰關心高牧師，這些就是記號。

有一位我們以前的學生溫信臨，在屏東當牧師，從屏東打電話告訴我：「我很想要去探監。」我跟他說：「只能親人進去，三等親以內，三十分鐘而已。通常都三個人去，若是要四個就途中換人。」他說：「我不用進去，沒有關係！你們要進去時開門，我頭探一下，有看到牧師就好了。」真的，他從

高俊明牧師五十歲生日時，泰雅爾中會牧長特地到高牧師家裡跟牧師娘一起慶祝，但壽星卻在獄中。

屏東趕來跟我們去監獄看牧師。其他案件的人也在軍法處，和美麗島事件的人都在同一個地方接見。輪到我們時，我們三個人就進去，還有姚先生的家屬，大家都擠在門口。我就故意慢慢的，讓溫牧師有機會看到高牧師。警衛知道我的用意，就趕快把門關起來。要出來時，我們也一樣慢慢地出來。那時，牧師的姐夫跟我們去。因多一個人，就在探監一半的時候，出去跟我的小孩對換，那時又有一個機會開門，溫牧師就多一個機會從外面再探一下。雖然有受阻擋，衛兵要趕快關門，溫牧師就踮腳尖看。我有跟高牧師說：「我們的學生某某人在外面，從屏東來，只要看你一面就好了。」

這種愛心從各方面都表現出來。我常常去原住民的部落，到那兒報告牧師的情況，我在那裡過夜，後來成為我親家母的那位姐妹，陪我去山上。我記得好像是新竹縣的山上，有一個阿婆牽著我的手說：「牧師娘不要煩惱，我們都在替你們禱告。」她說：「我們是通宵的禱告，上帝會像保護但以理離開獅子的口一樣來保護高牧師。」沒有讀過書的阿婆竟然用這樣聖經的話來勉勵我。我去長濱阿美族部落，聚會後我在路旁等車時，有人看我站在那裡，看似外地人就問我：「你從哪裡來？」我說明自己的身分，他說：「喔！我們都有在關心你們，在為你們禱告，你安心。」所以無論原住民，還是外國人，大家都在替我們禱告。

國外友人伸援手

還有一次我去日本京都，拜訪日本亞洲基督教宣教協會的總幹事野口福秀牧師時，他問我說：「你一年接到多少封信？」我說：「差不多幾百封。」他說：「這樣子而已喔！光是日本我就叫幾千人寫信給你們了呢！」也有從日本來信說：「請你不要忘記在日本的山裡，有一群身體不方便、眼睛看不到、手不能寫信的人，在替你們禱告。」

有一年復活節時，從荷蘭接到一大疊寫相同內容的卡片，是用荷蘭話寫「耶穌已經復活」的卡片。另外，美國有個報社主編，從花師母[5]的女兒那裡聽到牧師的事，他報導牧師的事，鼓勵讀者要禱告、要寫信，所以他的讀者裡也有一群人在關心、寫信。

我參加歸正教會聯盟，有一次在紐西蘭開會。那個週末，他們派我去南島的最南邊一個鄉下農村。我一個人去到那裡很陌生，黃昏時才到，有一個姐妹去接我，我一下飛機她就摟住我說：「我們都在替你們禱告！從牧師被關開始，我們都在替你們禱告。」無論去到天涯海角，都有人親切地說：「我們在替你們禱告。」使我覺得很溫暖。

親歷活活的上帝

所以我覺得，從這次的苦難我得到很多，上帝的恩典真的超過我的需要，無論去到哪裡都有人在禱告、在寫信、在關心。牧師也是這樣認為，我們的孩子們也有同樣的體會，感覺到「上帝是活活的上帝」！上帝沒有允許我們每日都是晴天，但在風浪中、患難中，我們得到保守、得到上帝的恩典、得到祂的保護，那是更重要的。若是一帆風順或許你會一直墮落，反而是落在火坑般的當下，你會一直要找尋一個依靠。那時，上帝就在我們當中，隨時在幫助我們，隨時透過我們認識的人、不認識的人，祂在保守，祂在帶路。我也覺得「上帝的話是活活的」，平安時讀聖經沒有什麼感動，但是若遇到患難時讀，會深深感受這句經節符合我的需要，成為我的力量。所以，我實在是得到很多，數不盡的多，不僅是那時候，一直到現在還是在享受上帝的恩典。

現代二二八

一九八〇年的二月二十八日，在林義雄先生家發生一個大慘案[6]，我們都叫它是「現代的二二八」。他六十歲的媽媽和一對七歲的雙胞胎女兒（亮均、亭均）三個人都被殺害，大女兒奐均受七刀的重傷，差不多快要失去生命了。很奇妙！醫生奇蹟式地把奐均救活了，她漸漸好起來。從此之後素敏姐她們就不住在這凶宅了。後來，素敏姐帶奐均到美國，讓她到美國受教育，在那裡也比較安全。因為她是唯一看過凶手的人，在台灣相當危險。為了安全起見，素敏姐帶她到美國，讓她在那裡得到保護，在那裡上學。起初拜託休士頓中會美國教會的議長夫婦照顧她們母女，過一段時間，她們搬到洛杉磯居住。

凶宅成為基督的教會

他們那間房子，凶殺案之後在非基督徒來看是一個凶宅，是個流血的地方，又是那種枉死的地方，很多人很害怕，都不敢進去，沒人敢租，也沒人敢買。後來，素敏姐有在參加聚會，漸漸地在追求信仰。這間房子很多人在幫忙想要做什麼用途，是不是要做「紀念館」？不過，若是

到洛杉磯探望林奐均，她念國小時成績非常好，曾得雷根總統獎

紀念館，那個仇恨不會忘記，常常都在紀念何時什麼人被殺害，那樣的結打不開。素敏姐剛好有來教會，比較常參加聚會後，她的心門有比較敞開在追求主（耶穌基督）。有一次，她說：「這個流血的地方若可成為一個教會傳福音，傳和平、拯救信息的地方，不知有多好。」剛好，鄭兒玉牧師跟牧師娘也在想這件事，他們在考慮要讓這個地方成為教會，除此以外沒有什麼比較好的用途。所以，當時聽到素敏姐的意見，經大家商量後都同意。我們就跟素敏姐談起買賣的事。

起初，我們沒錢去買這間房子。素敏姐是很慷慨的人，她說：「你們先去過戶、先去改建，錢慢慢再給我即可。」雖然知道大概多少，但當時就是沒有錢。然後，我們也組織一個購屋小組，去許石枝長老那裡，先借五十萬作訂金。訂金拿了，還沒有正式給她錢，素敏姐就把權狀拿出來請張政雄律師去辦過戶說：「你們儘管去辦過戶、去改建，開始去用，沒關係！去動工，沒關係！」所以，我們就很高興。那時，李勝雄律師說：「要成立教會，通常都是先有一個母會再去開拓教會。現在是相反，先有教會之後才去找母會。」這就成為先設個教會，而後才去找母會的例子。後來有跟三一教會陳福住牧師商量，就這樣把委員會組織起來。三一教會當母會來開拓，他們的長老也來參與，有幾次的籌備會討論要如何募款、要如何付錢。這消息一出去，國內外教會開始奉獻，國外、黨外的人士也都很熱心來幫忙。

第一次改建，本來隔成三間，想要分開租出去或賣出去，到後來沒有成功就拆。請陳慶福先生（慶福兄現在也是義光的會友）來改建、來設計，一樓前面打通可以聚會，後面留一個小辦公室跟廚房。樓下、樓梯的地方是阿嬤被殺死的地方，有血跡存在。鄭兒玉牧師主張血跡要留下來，但是樓梯是磨石子的比較難走，地下室要讓孩子上主日學，所以要鋪地毯。樓梯用地毯蓋起來，人家去，再告訴他們說：「阿嬤死在這個地方。」鄭兒玉牧師覺得很可惜，不過要讓人上下樓梯比較方便，又比較美觀，就全部用地毯蓋起來了。改建好，訂一九八三年復活節舉行獻堂感恩禮拜。從台灣的東西南北、從國內外，都有人回來參加，剛好又是長老教會要開總會之前。我記得那時，英國劍橋大學校長 Dr. Martin Cressy 是英國聯合歸正教會（URC）的議長，代表英國教會致詞。人很多，多到坐不下，擠得滿滿的，很熱鬧。

起初是三一教會當母會，由他們來主持。後來義光教會找人來，有的從別的教會轉籍過來，讓義光可以多一點人。義光教會在還沒有牧師時，一位高集禮牧師來幫忙半年，跟神學生賴貫一一起服務。第一任牧師是許天賢牧師，他一任期滿後才去英國的 Selly Oak 讀書。

教會對外開放

這個地點也開辦了台北婦女展業中心。教會是禮拜日才有聚會，平常較沒有聚會，門都關著，這樣也不好。白天若門開著辦活動有人出入，人家比較敢進去。所以，婦女展業中心的開始就是在義光教會。有時黨外絕食或是辦什麼活動，也會利用這個地方。

所以，教會漸漸地對外開放，起初都是給社會運動、黨外運動的人聚會。聖誕節時，教會為美麗島事件的受難家屬舉辦聖誕聚餐晚會。近來總會每年都會為政治受難者辦一次晚餐會，每個月的第一個禮拜一辦國家祈

1983 年冬天，這些人在義光教會地下室籌備創設婦女展業中心，後來李勝雄律師、李黃西香女士也加入。照片後排由右至左：陳福助牧師、李宗派教授、商正宗牧師、林勝美女士；前排由右至左：梁美觀女士、李夫人、高李麗珍本人、張千惠老師

禱晚會。美麗島事件的初期，不是教會的人也都帶家族來參加聖誕節活動或是聚餐，都歡迎他們來教會。每個月一次的禁食禱告會，也是在義光教會。所以，讓人知道，這實在是一間出於信仰在關懷政治受難者的教會。

上帝公「義」的「光」

至於，此教會要取什麼名字？教會所在地剛好是信義路的巷子，林義雄先生也有一個「義」字，論來論去都一直在說「公義的光」，後來就叫做「義光」。不管是人的名字、路的名字，這些都不是最重要的，重要的是這間教會是「上帝公義的光」的一個教會。之後，有請鄭兒玉牧師用希伯來文說明，做一個標誌。標誌清楚指明「義」的意思、「光」的意思。很多的外國人會來義光教會，其他的教派、教會的人也都來過。好像回台灣、來台北就要到義光教會看看，這是一個特別紀念的地方。

任義光長老

我在那裡當長老到七十歲。總會規定到七十歲就不能再擔任長老、執事，剛好我也要搬回台南，這樣我就將會籍遷到台南太平境教會。在義光教會的時候，有被選為中委長老，在中會參加開會時受邀當教社部部員，後來也有一陣子當教社部部長。當部長時，我比較關心原住民的人權及生存權的問題，要平地的牧長和信徒來一起關心。任內我有辦一次教社部員東部教會觀摩之旅。

1997 年 12 月 28 日在在義光教會禮拜司會

1. WARC（World Alliance of Reformed Churches）和 REC（Reformed Ecumenical Council）兩個改革宗教會的普世組織，於二〇一〇年六月十八至二十八日進行組織合併，成為一個新的、合一的普世教會組織，定名為 WCRC（World Communion of Reformed Churches）。原本分屬兩個普世組織的會員教會，指派代表團前往美國密西根州，代表們從世界各地匯集於激流市的喀爾文學院（Calvin College, Grand Rapids）召開為期十天的合一會議。來自世界各國的教會代表群聚一堂，經由不斷討論、分享、禱告、禮拜的過程，通過新組織的組織章程，並對組織的未來發展方向提出各項報告、宣言（statement）與建議（recommendation）。WCRC 的成員由一百零八個國家的兩百三十個教會組成，含括大約八千萬名世界各地的基督徒，特別關懷現今時代的大議題：氣候變遷、人權、經濟正義、跨宗教對話等。參見張德謙，〈為台爭取普世權利〉，《自由時報自由評論網》，徵引自 https://talk.ltn.com.tw/article/paper/413231

2. 亞洲基督教協會（Christian Conference of Asia，簡稱 CCA）成立於一九五九年，是在普世教會協會（WCC）下最活躍的一個區域協會。過去四十幾年來對亞洲教會的合一運動、宣教事工及神學教育都有極為深刻的貢獻和影響。目前 CCA 的會員教會由來自亞洲的二十個國家組成，分散在紐西蘭、澳洲、孟加拉、柬埔寨、香港、印度、印尼、寮國、日本、韓國、馬來西亞、緬甸、巴基斯坦、菲律賓、斯里蘭卡、台灣、泰國及東帝汶等地，其中包括十六個教會合作協會（National Council of Churches，簡稱 NCC），代表一百零三間不同的教會。參見鄭仰恩，〈當代亞洲基督徒合一運動所面對的挑戰：後殖民批判·意識形態的對立·公民社會的崛起的〉，《輔仁宗教研究》第三十八期（二〇一九年春），頁十九至四十。

3.「小錢友誼祈禱運動」（The Fellowship of the Least Coin，FLC）是一個普世祈禱運動，緣自印度婦女姍蒂．所羅門（Shanti Solomon）於一九五六年受到上帝啟示所得的異象，強調為公義、和平、愛與寬恕禱告。藉著這個祈禱運動，世界各地的基督徒婦女在禱告裡面連結在一起，互相激勵，以期活出與他人和好、彼此寬恕的生活。這是一個基督徒禱告、並採取積極行動的方案，不論本身經濟狀況如何，每一個基督徒婦女都可以參與其中：每一次禱告的時候，就奉獻本國貨幣裡面一個「最小的錢幣」。每一個「小錢」都被接納為婦女真誠渴望的象徵，代表她們與受苦的人和每一個國家的婦女團結在一起。參《女宣雜誌》，四二五期，（台北：台灣基督長老教會總會婦女事工委員會，二〇一六年九月），頁一五至一六。

4.即是包珮玉牧師。「姑娘」是早期台灣教會對奉獻青春年華到國外宣揚福音的單身女宣教師的尊稱。

5.花祥（Daniel O. Whallon）牧師及花可玲（Carry Whallon）師母，為美國長老教會（原美南長老教會）宣教師，於一九六二年九月二十五日來台擔任宣教師廿四年，一九八七年六月六日退休回美。花祥牧師曾任台灣基督長老教會總會差會會計，花可玲師母曾任總會英文祕書。花牧師夫婦在台廿四年，從事國語佈道事工、差會會計、編輯羅馬字國語聖經等，對台灣傳教及社會關懷貢獻甚多。

6.林宅血案為一九八〇年二月二十八日發生於台灣的一起凶殺案件，由於被害者為當時因美麗島事件而收押中的林義雄母親與雙胞胎女兒，事涉敏感，社會上許多人推測此案為國民黨政府所主導一場殺雞儆猴式的政治謀殺，藉以動搖各地黨外運動者的意志，但此論並沒有明確證據，而此案至今仍未偵破，已成懸案。

一九八〇年二月二十日，林義雄因美麗島事件而被警總軍法處以叛亂罪起訴，並拘禁於新店監獄候審。二月二十八日中午，林義雄的母親林游阿妹被殺十三刀，慘死在台北市信義路住處地下室樓梯旁，林義雄一對七歲的雙胞胎幼女林亮均與林亭均各被刺一刀喪命，而長女林奐均被刺七刀重傷，後經急救脫險，林義雄的妻子方素敏則因探監而倖免於難，此案震驚國內外。凶手以短刺刀插入，接著橫向反勾，刀刀致人於死，由於凶手手法極為專業，應為受過軍事訓練之人所為，故更令社會大眾認為該案是出自情治單位之手。

三月二日，由於警方依林宅家中遺留的一盒全新的水果盒追查，懷疑林義雄的一名外籍友人家博（Bruce Jacobs）可能涉案，家博為澄清與該案無關，前往台北市警局作說明。三月三日，治安單位為全力偵辦林宅血案，特由全台所有治安單位聯合組成專案小組，下面還設立了十四個蒐證小組，並且懸賞兩百萬元緝凶，但至今仍未偵破。

林義雄入獄後，林妻方素敏與女兒林奐均面臨生活困境而打算將凶宅出租或出售，台灣基督長老教會基督徒及海外基督徒籌款七百八十萬買下凶宅，建立教會，即現今的「台灣基督長老教會義光教會」，每年二月二十八日上午九點都會在義光教會舉行追思禮拜，隨後專車前往宜蘭林家墓園舉行追思活動。林奐均之後前往美國讀書，並且與傳教士印主烈結婚，於美國哥倫比亞大學取得英文教育碩士，是一位音樂家。目前林奐均與夫婿印主烈全家定居於台灣。有關義光教會成立的來龍去脈，詳參陳儀深、歐素瑛訪問，歐素瑛、林秋敏、羅國儲、陳頌閔記錄整理，《義光教會相關人物訪談錄》（國史館，二〇二四）。

與高俊明牧師在義光教會合影

高李麗珍牧師娘積極參與公共事務與女性關懷運動，發揮女性的社會影響力

8

走出家庭，走入社會

台北婦女展業中心成立

一九八三年立委選舉後，有一位在南加州大學社工系任教的李宗派教授[1]，回來看我們，他對我說：「牧師娘！這些家屬也很可憐，先生入獄，經濟上也困難，沒有一個依靠。」美國有一個自立自助的基金會，他擔任董事，任期快到了，問我是不是由他介紹去申請基金，來成立一個照顧這些婦女的機構。我就找商正宗牧師、李宗派教授、李勝雄律師，幾位受難者家屬及婦女代表商量如何設立。李教授教我們如何填表，填完之後送件，申請到兩百萬台幣的基金，就這樣設立了台北市婦女展業中心，後來隸屬台灣基督長老教會的台北婦女展業中心，簡稱「婦展」。現在又成立一個全國性的台灣婦女展業協會，在一九九一年也成立松年長春服務中心來照顧老人。婦展主要是照顧變故家庭的婦女，起初是想到這些政治受害者的家屬，如趙振貳牧師娘、許晴富先生娘等幾位受難者家屬也有參與。我們有心理輔導，幫助她們面對現在的困

境。不然，有些家庭忽然間遇到這樣的變故，是沒有辦法承受的。心理輔導後，做職業訓練，讓她們以後可以找工作，經濟可自立。

一九八三年底開始籌備，一九八四年一月成立婦女展業中心。那時，林勝美女士當主任。我們先得到基金，有場地了，就是那凶宅——義光教會。剛開始人家比較不敢進來，用那個地方來辦活動，可讓多一點人出入。所以開始時，林勝美主任把宣傳單夾報紙去社區發。人家都不敢來問，想說：「到底你們可以做什麼事？」我們找一些教會及婦女團體來辦免費的餐會，辦關於女性議題的演講。人來，免費提供服務，起初是由實踐家專張千惠老師募來一些舊的打字機，英文和中文的打字機，讓學員學中文打字、學英文打字、學插花、串珠子做手飾，後來也發展水晶繡，用珠子黏到圖案裡裱褙

2002 年台北婦女展業中心委員一行訪問日本岩手縣江刺養老院及育幼院，是櫻花盛開時期，趁機會賞櫻花，右一、二為牧師與牧師娘，左三為育幼院負責人

起來。那時，黎理也有去學，是一位黃金治老師來教，做得很漂亮。就有這樣的職業訓練。

後來，看到受難者的家屬像清玉姐、素敏姐、榮淑姐大家都代夫出征，當上立委、國代、市議員了。她們比較不需要。那時，看到像勝美姐，先生原本是建築師，忽然發生車禍而家庭變故，這樣的人更加需要，她們比較沒有人在關心，政治人物都有很多人在關心。所以就轉向關心一般變故家庭的婦女。同時我們也開了「婦女自我成長課程」，所以婦展可說是第一個成立的婦女關懷機構。幾年前，我忽然間得到一個啟示，說出了一個標語「上帝疼惜自助的人，婦展造就自助的人」。從一九八三年成立此機構，這二、三十年中曾經過幾次波折，但感謝神一直都成為我們的幫助者、引導者。至今，我們已經幫助無數變故家庭婦女，在精神上、經濟上自立起來，破碎的心靈強健起來。感謝慈愛的上帝，也感謝成千上萬的支持者。

彩虹婦女事工中心成立

再來是彩虹，彩虹是一九八六年成立的。亞洲教會婦女協會（ACWC）一九八五年來台灣開會，主題是「觀光與賣春」，各會員國都要提出報告。那時，碧英姐（廖碧英）請一些青年到華西街做調查，才知道很多性工作者都是小孩。原住民也很多，是比較貧窮的小孩，十幾歲的小孩很多都在那裡被利用。她們大部分是父母被人口販以介紹好工作為由，被騙而賣到都會妓女戶。利用成人妓女的執照，藏這些未滿十八歲的少女。成年妓女我們無法管，但兒童人權我們要關心。

所以一九八六年就開始上街頭表達：「買少女是犯罪行為。」成立彩虹婦女事工中心，來搶救這些少女出火坑。那時，我們也有去華西街靜坐，等桂林派出所的所長出來接受我們的請願書時，對他說：「你們鄰居有一些違法的未成年妓女，你們不知道嗎？為什麼都不去捉？」提出請願叫他們去捉。他們後來有去捉，據報導說捉到六、七百個少女，但也沒有看到關在何處，婦職所也沒有，竹南婦女訓練中心也沒有幾個。他們說：「那裡不關小孩。」捉那麼多個孩子都到哪裡去？後來才知道，在派出所問一問、扣留幾日

1985 年，ACWC 在台灣舉辦「觀光與賣春」研討會時，台灣代表獻詩。這個研討會促進「彩虹婦女事工」的開創

後，保鏢都去跟家長說：「你有監護權可以要小孩回去。」孩子都被要回去。之後，他們再去家裡說：「你的期限還沒有到，你賣給我們的期限還沒有到。」就再捉少女回妓女戶。後來，彩虹婦女事工納入總會事務所，專門向原住民少女做預防教育等服務的事工。婦女展業中心和彩虹婦女事工中心都是隸屬長老教會社會服務委員會的機構。

勵馨基金會

後來，我們覺得若沒有一個中途之家，我們怎麼救也救不完。一九八八年開始籌備勵馨，現在叫「財團法人勵馨社會福利基金會」，以前叫「勵馨福利中心」或「勵馨園」（Garden of Hope）。勵馨有中途之家，可安置少女，那裡有短期的、中期的、長期的。短期的可住幾日、幾個禮拜之久，短期的大多是有可能會被人家賣、家人帶來寄住的少女，讓她們臨時庇護一下。中期的，是從社會局轉來的。長期的，是從妓女戶被救出來的，救出來後在婦職所過了一段時間，要出社會還太早，我們不敢讓她們出去。來勵馨之後要做身體檢查、治療疾病，再讓她回學校。若學業未完成的，就讓她回去讀書；若是她年紀太大不想讀書，就讀夜校或是去找工作。勵馨也已經有二十多年了，現在拓展得很大，差不多是全台灣最大的婦女救援機構。不過，都是做國內的，沒有做國外的。

勵馨之後，「婦女救援協會」是由一些女律師所組成的救援協會，也是從彩虹出去的，不過我沒有參與。廖碧英女士起初有參與，後來她們就自己出去發展了，跟教會沒有關係。彩虹、勵馨都是屬教會的。

勵馨的成立是浸信會的高愛琪（Angie Golmon）宣教師促成，她在「婦職所」任教，跟梁望惠女士一起。梁望惠女士是在那裡做心理輔導工作。她們覺得，婦職所的孩子待兩年後，要重新進入社會太危險，會再被捉回火坑去，因此需要設立中途之家，就這樣開始去籌備。起初，浸信會跟救世軍、天主教、長老會都參與，到後來天主教，救世軍沒有參與。成立勵馨之後，浸信會還有一段時間一起做，後來沒有人可以接，就沒有參與了。勵馨基金會由蘇希宗長老當董事長，在他有為的領導下，以及紀惠容執行長的努力下，已發展成全國性的大型機構了，在台灣全國成立了台中、高雄、台南、台東等中途之家，在台北也成立了一所婚暴、被性侵害、家暴的治療中心。我在勵馨當董事到二〇〇六年初為止。

終止童妓運動（ECPAT）

終止童妓運動是一九九一年開始的一個運動。一九九〇年，我受邀去泰國清邁，參加由第三世界觀光業協會主辦，檢討觀光業和兒童賣春的研討會，特別是東南亞觀光業和兒童賣春問題，主題是「現代人的奴隸」。剛好我有參與過彩虹婦女事工的經驗，主辦單位在收集各國的資料，請我去分享。分別有菲律賓、斯里蘭卡、泰國和台灣四個國家報告，有一個基金會提供基金，讓前三個國家做研究，在一九九〇年的五月初提出各自的報告。剛好，那時我在CCA（亞洲基督教協會）擔任主席團之一員，五月初要去CCA開會之前，他們邀請我去參加這研討會，順便分享彩虹的工作。世界各國關心兒童人權、關心觀光業和兒童賣春的人士與組織，無論天主教、基督教或一般的社會人士都來參加，教會的人比較多。之後，我就去菲律賓參加CCA的總會。我回來後聽說他們檢討之後，覺得要發起一個運動──「從亞洲的觀光業終止兒童的賣春」，從亞洲開始發起這個運動。

一九九一年就開始這個運動，領導者是退休的牧師Rev. Ron O'Grady[2]，他以前也參與過CCA的工作，對亞洲各國做過很多調查，就到各國召人來參與這個運動。那時，還沒有成立什麼組織，就只是一個運動而已。一九九一年的春天他來台灣，來找我並提起是不是台灣也來組織，我就找我商正宗牧師，找彩虹、勵馨，花蓮的善牧中心、台北家扶中心、展望會、青友會（天主教的青年之友會）一起討論，討論之後大家說來成立「終止童妓」，台灣是國際終止童妓運動的一個分會。台灣、斯里蘭卡、菲律賓、泰國是接受觀光客的國家，日本、德國、法國、英國、美國、加拿大、瑞典、紐西蘭、澳洲等是觀光客輸出的國家，歐洲很多國家送觀光客去南亞，甚至有包機從法國送客去泰國玩小孩的。所以，這些觀光客輸出的國家和接受的國家一起來合作，來推動一個這樣的運動，就是要

1991 年 11 月 24 日國際終止童妓協會創辦後第一次執行委員會在台灣舉行，本地委員也列席參加，前排坐者左三為牧師娘，前排坐者右一為紐西蘭代表 Ron O'Grady 牧師，其他出席者名單參見附註[3]

各國發出聲音，對你的社會、你的國家發聲說「玩小孩是一種罪惡」，讓大家意識到玩小孩是一種罪惡。然後去教育，無論是觀光方面、導遊方面、旅館業或是一般旅客方面，都要讓他們知道這個訊息，各國也要立法。我們照這樣做，也組織一個協會，組一個九人的理事會，那時叫做委員會。開始時，我們有團體會員、個人會員，像勵馨、彩虹、展望會、善牧、家扶、青友會都算是我們的團體會員，也有個人會員。各團體會員可以選出一個代表委員，再選個人委員。我們也從事種種啟蒙教育的工作，辦了好幾次公聽會、研討會等。

在立法方面，一九九三年、一九九四年間，就申請立法，一九九五年通過「兒童及少年性交易防制條例」。在這個當中，也開始有對孩子的兩性教育。十一月二十日是國際「兒童人權日」，教育小孩讓他們知道他們有什麼權利。我們也有印一本《兒童人權與你》小冊子，讓父母或長輩知道兒童人權跟他們有什麼關係，我們就將小冊子寄給各小學、教會等來呼

2001 年 ECPAT 第一屆亞洲區會在台灣舉辦時與葉秀英老師合影

籲加強輔導。起初，我們對國際參與很踴躍，第一次在泰國開會時我們也十幾個人組團去，表演孩子怎樣被賣、怎樣在茶室被打被欺壓、她們需要被救出來。不但演戲，也很認真出席會議。一九九六年瑞典斯德哥爾摩第一次世界大會，全世界有一千多人參加；二〇〇一年日本橫濱的第二次世界大會，全世界有三千多人參加。廖碧英（理事）是國際終止童妓協會東北亞的執委，高玉泉理事長是IN HOPE歐盟的組織執委之一。二〇〇八年十一月二十四至三十日在巴西舉行第三次世界大會。

國際特赦組織（AI）

在美麗島事件期間，我們這些受難者都有受到國際特赦組織（Amnesty Inernational，AI）[4]的照顧。一九九〇至二〇〇〇年，我們有參加國際特赦組織，我所參加的那一組叫「台北一組」。美麗島事件爆發就有AI來關心，那時是呂秀蓮被關，各國的AI救援到台灣，高牧師也是被救援的一個。我記得牧師在監獄時，可能獄方沒注意到有一封是一個德國青年寫給牧師的信，牧師說，他不能回信，因為是外國信，所以寄出來叫我回。我才知道，原來這個德國的青年人好像從懷約翰牧師[5]的兒子得知消息（懷約翰牧師是英國人，來台灣當宣教師），他們參加德國的AI。他寫信來慰問牧師。我才知道國外有人在關心美麗島事件被關的人。[6]

除了關心牧師以外，記得有一次我到澳洲雪梨去訪問教會時，有一個澳洲的會友問我林弘宣先生的情形，聽說他身體不好託我拿藥回來給他。我住在一位年輕牧師的家庭，那個牧師娘的孩子一個大概二、三歲，在學走路，一個差不多三、四歲。她晚上幫孩子刷牙洗澡，讓他們去睡之後，她就開始寫信。我問：「你在寫什麼信？」她才說，她參加 AI，她在寫救援受難、被關的人的救援信。那時我才知道，有人參加這種組織寫信要求政府。透過國際特赦組織要求政府，比如說有人沒受正當的審判就對他用刑、捉去關，是未審先判；或是有的人遇到酷刑，有的人遇到生病不得就醫的情形。AI 的人寫信給當局的政府，要求減刑或是給予正當的審判，經過審判才判刑，不能沒有審就判。身體有病痛的要讓他出來就醫，沒有證據的應該就要釋放，都可以透過 AI 來救援。

秀蓮女士受到 AI 的照顧之後，高興地說：「我們台灣也要有這種組織。」我們過去被人家幫忙、救援，我們也要盡力救人。

從一九九〇年代，台灣發起的救援運動我們都有參加。這讓我覺得：「我們受人家照顧、好款待，我們也要這樣去款待人家。」「台北一組」後來改為「台灣一組」。剛開始要組織時，較多人關心，不過途中遇到跟別組意見不同。倫敦總部有派人來，台灣的組織是受香港管，一個女的香港人管台灣這一區，她比較接近大中國主義。分組之後，第二組的人接近統派，他們說：「要用中華民國去登記。」我們說：「用台灣好啦，我們要用台灣。」那個時候還不能用台灣，他們用中華民國去登記，總部為台灣設一個分部，分部又分幾組。登記後借一筆錢來設辦公室、支付薪水。台北二組有去立案登記，但沒有多久借來的錢已用完，不但沒有錢還總部，也沒法子經營。我們這邊是比較踏實，我們說：「我們又沒有多少人，也沒有多少錢，我們不用租一個辦公室，不用請幹事，我們就自己來做。」做幹事的人，他若可以專職，我們補貼給他，不然兼職也可以，兼任幫我們做。一個月開會一次，寫總部派來的信、救援的信，以後可以申請要救援哪一國的某某人，每次都要為他寫救援信，要去關心他。不只寫信而已，還要跟他有互動，知道他的家人跟他的情形如何，都要從總部得到消息，按照這樣來關心他。

「AI台灣一組」現在還在，我搬到台南之後就沒有辦法參加小組。總部還有再寄AI的通訊給我。世界上還有很多國家很沒人道，我們也常常為緬甸的政治犯翁山蘇姬（良心犯）寫信、替她爭取。但是沒有辦法去改變軍政府，你再怎樣就是無法打動他

曾與呂秀蓮女士（左一）一起關心國際特赦組織的工作

們的心。我們AI台灣一組，曾經十多年持續救援南韓一名良心犯房羊均先生[7]，直到他出獄。他出獄時，請我們的祕書長林美瑢小姐去接他，我們也把與他的通信出版為《愛之鴿》一書，也關心過他的家屬。他還在獄中時，我去韓國開會有去訪問他的家屬，他出獄後也來過台灣。

玉蘭莊

玉蘭莊創設至今已經十七年了。我六年前開始參加，參加不久就被選為理事長，一任三年，明年三月我的第二任才結束。他們請我去擔任基本會員，再做理事，再被選為理事長，都照著步驟進行。這玉蘭莊是十七年前，日本女宣教師堀田久子看到台灣有一些跟台灣人結婚的日本太太，戰後沒有回去。她看見這些人的苦難，她們的晚年比較寂寞、孤單，沒有對象說日本話，無法很喜樂地過生活。她就說，我們來組一個叫「玉蘭莊」的活動中心。這是要用日語說話的，無論你是日本人、台灣人都不要緊，用日本話唱歌、用日本話聚會，一切都用日本話，是一種會員制的組織。每個禮拜有活動，禮拜一及禮拜五，早上有做禮拜、有演講、有唱卡拉OK，中午一起吃便當，下午有說話比賽、有寫毛筆字、以前有學手工藝。他們很會做手工藝品，有的年紀大了比較不行，不然用手做東做西，用一條毛巾可以做成一個袋子，做一隻老虎、一隻大象或一隻兔子什麼的，裡面可放衛生紙。我記得，以前去參觀時，他們都拿整匹的布來縫娃娃、縫小玩偶等。現在眼睛比較差，手比較不靈活了，那些會做、會教的阿嬤年紀都比較大，有的也過世了。

它還有一個特色就是「關懷組」，關懷組不是只有關懷來這裡聚會的人而已，尤其是對那不能來、年老比較不能出門、生病的，有關懷組的人去探訪。住院的有一組人去探訪，楊師母（楊啟壽牧師娘王滿）就是這組的組長，她很熱心，都帶人去。她說，去探訪的人年紀漸漸大了，盼望請更多年輕的人出來幫忙關心。會員差不多有六十五人，這是基本會員，但贊助會員有二百多個，所以共有二百多人。不過每次的聚會沒有那麼多人，差不多七、八十人出席。聖誕節、紀念日就有上百位參加。玉蘭莊每年都舉辦一次音樂會、一次義賣、兩次遠足，這裡是老人家喜歡來的地方。玉蘭莊不只是關心會員身體的健康，也關心他們心靈的平安、快樂，更關懷她們靈魂的得救。自從玉蘭莊開辦以來，已經陪伴好多前輩度過他們的晚年，平安地送她們回天家去了。這是與其他老人活動中心不同、特別寶貴的地方。我擔任兩任（六年）的理事長，搬到台南之後不能常出席活動，現在當顧問。

真愛家庭協會

兩三年前，我就接觸到真愛家庭協會，這是因為我的孩子慕源在美國參加葉高芳牧師主持的真愛協會，他在那裡當美術編輯。他們有出書、雜誌，每兩個月一本，也有辦活動，如家庭營、夫妻營、親子營，或是協談等。有時他會寄雜誌回來給我，介紹他們的組織。後來，葉高芳牧師也回來台灣宣傳，所以現在台灣成立了「真愛家

慶祝玉蘭莊創立五十週年慈善音樂會

庭協會台灣分會」，已經滿兩年了。劉克明教授夫婦很努力推廣，起初有一個組織、一個理事會，但是下面沒有人。劉教授訓練志工，跟教會接觸，透過教會推廣到很多地方，四處演講。去年在新竹舉辦家庭營，夏天辦快樂家庭營，差不多第一次就有兩百人參加，有孩子、大人，很熱鬧。這些人從哪裡來？就是他訓練的志工去找他們所接觸到的人，找他們所關心的人，大部分是找非基督徒來參加。

營會裡有大人的節目、小孩的節目，有分開辦的，也有在一起合班的。唱歌、遊戲以外，較多都是溝通，教家長如何跟小孩溝通，關於認識小孩、對待小孩這方面的，兩天一夜的活動。除了出版雜誌之外，也訓練志工做協談。也有在做外籍新娘關懷班，關心她們的家庭，關心她們來到這個陌生的地方，風俗不同、語言不同，如何學習適應。教她們：「在我們這裡的生活就要怎樣，我們的語言是怎樣。」她們很需要有同伴，很需要有人幫忙指導。我覺得真愛家庭協會這方面做得很不錯。理事長是邱維超醫師，我是副理事長，主要是去參與他們的理事會與種種活動。協會今年已經是五週年了。

二二八事件紀念基金會

近年來，我擔任「二二八基金會」的董事。兩、三年前，有人提議受難者家屬應該要輪流當董事。二二八事件紀念基金會董事會每個月要開一至二次的會議，也關心台灣的前途，如教科書裡面有沒有教台灣歷史、二二八的事情有沒有記錄在現代史，不止關心二二八補償金的事情，還包括跟我們歷史的關係、我們國家前途的關係。這個基金會的董事會都有在關心，有做事。這個董事會是由政府官員代表、社會公正人事、公正歷史學家，機關首長（如國史館長等），以及二二八受難者家屬代表所組成，一任三年，我的任期到去年為止。

二二八關懷聯合會借 YMCA 開會員大會

1. 李宗派原籍澎湖西文澳，洛杉磯加州大學公共衛生博士（1969-1972）副修社會工作及心理衛生，曾任長堤加州大學社會工作系正教授兼國際社會工作研究所所長（並獲終身榮譽教授），以及實踐大學民生學院院長兼老人生活保健中心主任。致力於社會工作教育與老人保健的推廣，兼具實務經驗及理論教學，在學術上之成就、教學服務之卓越記錄。在國際社區服務上之貢獻，曾獲得亞洲地區與國際社會服務領袖之肯定，並受推選列名於美國教育名人錄、世界名人錄，以及劍橋之傑出學者名人錄。

2. 羅恩・奧格雷迪牧師（Ron O'Grady，1930-2014.2.25）曾於一九七三至一九七七年擔任亞洲基督教協會（CCA）副祕書長，並於一九七八年再次短暫任職。一九八三至一九八六年間，擔任澳洲教會協會（Australian Council of Churches）世界基督教行動會（World Christian Action）主任四年。他是一位兒童權利捍衛者，更是兒童保護機構「終止童妓協會 ECPAT」（End Child Prostitution, Child Pornography and the Trafficking for Sexual Purposes）的創始人。他在紐西蘭建立了兒童警報組織（Child Alert）。

3. 照片前排立者右一為張再凱長老，前排坐者由右至左為 Ron O'Grady 牧師（紐西蘭代表）、兩位泰國代表、高李麗珍牧師娘，前排坐者左一為李明玉老師（彩虹婦女事工中心祕書長），前排立者左一為台北家扶中心郭耀東主任，二排由右至左為許素芬牧師娘、莊淑珍牧師（PCT 婦女幹事）、菲律賓代表、日本牧師、周謹明修女（天主教台北青友中心創辦人），二排左一為施慧玲教授，後排右一為 Martin Stabler（德國代表），後排右二為陳玉蘭傳道（彩虹工作人員），後排右四為 ECPAT 總會財政（紐西蘭會計師），後排右五最高立者為英國 BBC 的記者。

4.「國際特赦組織」（Amnesty International，AI）的中文譯名時有遭受誤解，事實上其聲援的工作對象是經嚴謹的篩選和求證，僅限於良心犯或一般稱為政治犯為對象。「國際特赦組織」的創始者本奈生（Peter Benenson）是一位英國律師，向來關切人權問題，並曾為不少政治案辯護。「國際特赦組織」創會時的基本工作——寫信和認領政治犯延續到今日，仍是各國會員最熱衷參與的志願工作。相關工作流程，參見 https://hospfund.blogspot.com/2011/12/amnesty-international.html

5. 懷約翰（John Whitehorn，1925.10.7-2022.3.10）出生於馬來西亞吉隆坡，父親是英國長老教會海外宣教師，從小跟隨父親到各地服事；第二次世界大戰末期，懷約翰被派到印度戰場，輾轉學習日語、前往香港協助戰犯法庭翻譯。後懷約翰回到英國就讀劍橋的三一學院（Trinity Hall），友人建議他可以到台灣，因為當時許多台灣人仍然使用日語，再加上英國長老教會有意翻譯原住民族語聖經，於是懷約翰在一九五一年到台灣；直至一九七〇年因牧師娘懷以利（Elizabeth Whitehorn，1929-1975）健康和子女教育考量而返回英國。懷約翰在台服事十九年，期間致力於排灣族聖詩和聖經翻譯，並曾擔任台灣基督長老教會山地宣道處理事、助理幹事與玉山神學院代理院長（1962-1965），對台灣原住民文字宣教事工有重大貢獻。詳參蔡依珊，《ti VUVU katua Vatu katua ngiaw 公公、狗和貓：懷約翰傳記》（台灣教會公報社，二〇一六）。鄭仰恩，〈從語言學入手的排灣宣教師—懷約翰牧師〉，《新使者雜誌》一〇五期，（二〇〇八年四月十日，頁四四至四七）。

6.「國際特赦組織」（AI）與台灣的淵源極早，在一九六九年其瑞典會員即曾為彭明敏案向當局請願，長期致函警備總部、蔣介石總統請求釋放彭明敏。AI 分會也曾關懷張學良、柏楊、蘇洪月嬌、王幸男、余登發等不分立場政治犯。一九七九年爆發美麗島事件，AI 更發動空前國際救援行動，長期關心呂秀蓮、陳菊、高俊明等美麗島受刑人。一九八七年解嚴後，呂秀蓮開始籌設 AI 在台組織，高俊明、高李麗珍夫婦拜訪AI倫敦總部，台北一組遂於一九八九年十二月十六日成立，首任召集人為長老教會牧師羅榮光。其後，台北二組則由柏楊夫人張香華召集成立，現已停止運作。參〈人權救援AI台灣一組聲援良心犯20年〉，https://blog.udn.com/michalle77/3881445

7. 台北一組在一九九四年初因正名爭議被AI的「國際執行委員會」除籍，但在此之前他們已被AI的「國際祕書處」分配認領一位韓國的良心犯房羊均（Pang, Yang-kyun）。房羊均原本是韓國國會反對派議員徐敬元的助理，徐敬元於一九八九年八月十九日私訪北韓，可能觸犯韓國的國安法，爾後於同年九月二十八日被捕。房羊均被牽連入獄，而以知情不報的罪名判刑七年，同案共有九人，定刑後全被AI認定為良心犯，並直接指派各國分會的某小組分別認領營救。房羊均的「行動檔案」於一九九〇年十一月被指派給挪威、美國、贊比亞及台灣，總共全世界有四個小組為他的案件工作。台北一組除了書信作業以外，先後也派出小組成員林美瑢於一九九一年及高李麗珍於一九九五年至韓國拜訪房羊均的家人，給予精神支持。房羊均本人及其妻丁禮順並曾多次寫信感謝台北一組的關切。一九九六年中房羊均刑滿，他的刑期並未曾因為AI會員的救援而減少一日，但他仍很感謝台北一組的支持，出獄後寫信致謝，並表示希望到台灣當面向會員表示謝意，但因為政府未發給護照而暫時無法成行。一九九七年中台灣總會曾為此向韓國政府致函，直到一九九九年中，房羊均終於如願抵台訪問，並為台灣分會年度會員大會上的貴賓。（國際特赦雜誌，一九九七）引自https://hospfund.blogspot.com/2011/12/amnesty-international.html

聽聽孩子們的心聲

高李麗珍

幾年前，終止童妓協會舉辦兒童繪畫比賽，請孩子畫出今日兒童的處境。我們收到來自全台小朋友的稿件，每一張都畫得很好，都很有創意。

其中有幾張圖是讓我印象特別深刻的。有一張圖是畫一個小朋友被一群惡魔追趕，這群惡魔的名字是遺棄、綁架、誘拐、暴力、性虐待、人口販賣等，這位小朋友嚇得大聲哭叫：「媽媽！快來救我！」。另外一張圖是小朋友把自己畫成一條水牛，身上背負著珠算、小提琴、ABC、電腦、書法等，站在旁邊的是拿著一條鞭子的女人，凶巴巴的樣子，似乎在責怪這隻可憐的小牛，小牛嚇得掉下眼淚說：「我受不了！」。還有一張圖，是一位小女孩坐在堆滿玩具的地毯上，哭泣著叫爸爸媽媽快回來陪我，丟在地上的日記簿上寫著：「我的爸爸媽媽常常出去，我一人在家好寂寞！」

這些畫是小朋友心聲最好的寫照。他們雖然年紀還小，但對於日益惡化的社會環境，還是會感到不安與無助；有些父母親為事業或應酬，忙得沒有時間陪孩子；有些父母以為愛小孩，就是讓他們上各種的才藝班，這也讓小朋友倍感壓力。其實小孩要的真的不多，就只是希望爸爸媽媽能夠多陪陪他。

多一分關懷，少一分傷害，為了我們的下一代，請為人父母者耐心傾聽孩子的心聲，瞭解小孩的個性與需要，陪他們一起長大。最後，收穫最多的應是每一位父母親。

自立晚報 民國八十六年四月三日

攝影／張德謙

1983 年勇敢投入立委選舉，打一場感動人心的乾淨選戰

9

政治參與之路

代夫出征

一九八三年十二月二日的立委選舉，是美麗島事件後第二次的立法委員選舉，仍是大選區制。當時高牧師因藏匿施明德案，仍在新店軍法處看守所過著黑牢的生活。因此我比較常去長老教會總會事務所，和代理總幹事或英文祕書花可玲師母聯絡事情。

那年夏天，有一天，洪奇昌醫師到總會事務所找我。他鼓勵我出來參選第四選區，也就是台南縣市、嘉義縣市和雲林縣等五縣市的立法委員。我對他說：「我不瞭解政治，對選舉沒有興趣，我沒有人，也沒有錢，這是不可能的事。」

後來黨外人士黃昭凱先生、黃昭輝先生、王憲治牧師、李孋炡教授、林培松牧師，一些台南神學院的老師們，甚至有從海外回來的人士紛紛來勸我。他們說：「目前第四選區沒有適當的人選可以出來參選，我們想你最適當。因為你是政治受難者高俊明牧師的家屬，你應當出來替他爭一口氣。你出來號召力比較大。」林培松牧師說：「這是一個機會，藉著參選來宣揚長老教會的〈國是聲明〉、〈我們的呼籲〉、〈人權宣言〉等三個宣言和理念。」他又說：「樹立一個乾淨選舉的榜樣，以教會和平、乾淨的形象，讓大家明白，選舉是可以這樣乾乾淨淨的。」我對他們說：「我必須先和高牧師商量，也要知道教會的意向。」

有一次，在北區政治受難者聯合祈禱會時，陳文成博士的父親陳廷茂先生曾對我說，他希望我參選。因為若有公職身分，無論探監或照顧受難者和其家屬，都比較方便。當時我對他說：「我必須考慮教會對此事的反應。」他感慨地說：「為什麼只顧慮教會，不知照顧社會更多的人？」他這一句話常在我心中迴盪。

後來我趁探監時告訴高牧師，徵詢他的意見。他以為教會鼓勵我出來，因此說：「如果教會一致認為如此，那麼，我們的形象要像摩西或約瑟，積極參與在百姓的痛苦中，來找出一條引導全民得救的路。」他又說：「得救並不是只有加入教會靈魂得救，而是全民的得救，是全民從現在的苦難中得到拯救。」高牧師認為我應該遵從教會，出來為眾人打拼。

於是我們就積極著手籌辦，但是，教會反對的聲浪漸漸出現。他們反對的理由是：怕我的參選受到政治團體的利用，必定會造成教會與政團之間的混淆不清；也可能因教會對參選態度的不一，而引起教會分裂；參選會破壞教會和牧師已有的良好形象；雖然教會應關心政治，但不應該從事如此的實際政治活動。有人則認為國民黨絕對不讓我當選。有人則不忍心我將來承擔立法院的重責與折磨。

我不知所措，我從來不曾遇見過這麼複雜的局面。高牧師得到教會正反雙方的意見之後，便向獄方提出特別會面的請求。會面時，他憂心地告訴我不能繼續下去，教會會分裂，他希望我退選。處於正反意見之間，雙方都逼我快做決定，我實在很痛苦。王憲治牧師他們認為，事情已到這個地步，半途而廢反而教會會分裂，形象反而會轉差。現在必須不怕艱難，要堅持下去。

我不知如何是好，只知道唯一能夠決定此事的是上帝和我自己。我渴望明白上帝的旨意，晚間獨自一人以迫切祈禱的心拿起聖經，虔誠翻開，正是翻到以賽亞書四十五章2至3節：「**我必須在你面前行，修平崎嶇之地……使你知道，選召你的，就是我耶和華以色列的上帝**。」我讀的時候，內心很震撼，熱淚盈眶。我很高興，我聽到了上帝的召喚和應允了，感謝主。

十月十四日，我發表〈民主的十字架〉競選聲明：「……民主政治是和平的政治，我願意作和平的使者，以和平的方式，傳播真理、公義、平安……民主政治的路途，是漸進而艱鉅的，我願意背起民主的十字架，與全體鄉親共同挑起民主的重擔，一步一步邁向光明的前途……。」

十月二十六日，長老教會總會常置委員會召開會議，討論我的參選問題。經過熱烈討論之後，決定發表牧函，通告全體教會和信徒。內容是：「教會贊同基督徒個人參政，個人的言行，不代表教會組織之立場。」

競選時的律師顧問團

參選的過程與經驗

教會公開表明立場之後，十一月十八日競選活動正式開始，以黃德成牧師、王憲治牧師等為中心組織了競選委員會。黃德成牧師為執行長，周清玉國代為總幹事，王憲治牧師、吳啟由長老、黃昭凱先生、林培松牧師、周毅長老、吳文牧師、莊經顯牧師等都來參與活動。黨外人士有蔡介雄省議員、謝三升省議員的參與。顧問律師團有張俊雄、許安德利、尤清、李勝雄、陳水扁等律師。最令我感動的是湯金全律師，本來是他要參選的，後來聽到黨外人士要徵召我參選，他便退選來當我的義務律師，直到我被國民黨作票而宣布高票落選之後，仍然當我高李麗珍服務處的義務律師，來服務我們的選民。

教會仍然投入協助，除了選區的五縣市中，台南中會、嘉義中會全力投入外，外縣市的會友、親人朋友也來幫忙。有人當招待，有人摺傳單，有人分發傳單，有人準備餐點、茶水、接電話等等。有人提供車輛，有人來幫忙開車，也有遠道從台北來的李素秋小姐、莊納斯小姐和從雲林來的蘇治芬小姐，以及在地台南教會的姐妹來幫忙播音工作。全體都動起來了，實在感謝大家。

自開始我就聲明，我沒有錢選舉，鼓勵我出來的人說：「不要緊，只要你出來，

湯金全律師

許多名嘴紛紛支援政見發表會

一切我們都會設法。」真的，當我們要印文宣時，林榮德老師就提供了十萬元。後來陸陸續續有人來捐款，也有人捐物品，例如：菸、茶葉、甜點、水果、飲料等等，使我們沒有缺乏。大家有錢出錢、有力出力，使我體會到是大家在參選。

我們大多以教會為據點，新營、嘉義、斗六、雲林等，我們所到各地都以教會為休息站，有供茶水、便當、點心、水果等，有人招呼我們。選舉專家蔡介雄省議員對我說：「牧師娘，我參選那麼多次，每一次參選，發傳單、準備茶水，樣樣都要花錢請人做。我未曾遇見過像你們這樣的情形，你們教會的團體精神、服務精神實在可貴。」

林培松牧師當我的文宣部負責人，為了每一篇文宣，他都用盡心思寫出大家的心聲。他寫了很多感人的標語，例如「為鄉土，開活路」、「自由民主救台灣」等。我們的競選口號是「和平的使者」，起先引起部分人士的批評，說：「甚麼和平的使者？」後來他們認同了，自動來幫忙說：「你們掃街拜票，只有宣傳，沒有鑼鼓陣不夠熱鬧。」便送了鑼鼓陣來湊熱鬧。

有一天，我的宣傳車到雲林縣的麥寮拜票，一位阿公出來接我，他是給我帶路的，經過一間寺廟時，他說：「我們進去拜一拜吧！」我說：「對不起，阿公，我是基督徒。」他馬上說：「啊！對對，你是基督徒，不能拜，那我們就不要進去。」以後每逢經過寺廟，他就不再請我進去了。基督徒帶我去拜訪這裡，非基督徒帶我去拜訪那裡，大家認為這一次選舉是大家的事，都一起來助選。文宣組、活動組、服務組、政見組、宣傳組，大家都拼得要命，晚上回去，還是照常要開會。

我不善於演講，幸虧我們有很多位名嘴，尤其是有關政治、法律、社會福利等的

競選期間，義務幫忙者甚多

事，連我們長老教會所發表的三個宣言及其理念、我們愛國愛民的事實、我們所做關心社會正義的事，都宣傳出去了。我們的政見發表會場，幾乎都場場爆滿。雖然如此，我們仍然敵不過國民黨那幾套老練的買票與作票。

高票落選

十二月二日投票當天，競選總部旁的空地，我們搭了一間竹寮，充當開票中心。當天晚上，人群擠得滿滿的不肯離去。票還沒有開完，我們就已經七萬多票了。嘉義市長補選候選人張博雅女士打當選的賀電來，也有記者跑來向我要當選聲明書，以便刊載。但有經驗的謝三升省議員說：「慢著，國民黨作票第一名。我曾選過，今晚當選，明早變成落選。」所以就沒有發表當選聲明書。

到了半夜，票一直開不出來。清玉姐不安地對我說：「可能在作票了，開票完全停下來。」選民在競選總部苦等也不是辦法。開票中心的竹寮，上上下下爬滿了人，我們怕萬一竹寮垮下來，難免會有傷亡。半夜清玉姐宣布：「謝謝大家的支持，敬請大家散會。」很多人不願意走，有的人還唸著：「只怕人少，你們竟然叫大家回去？」到最後消息傳來，說我們差十七票，高票落選。

國民黨大作票

那次是國民黨在史上大大作票。僅在嘉義市就把我的一萬六千票改成六千票，作掉了一萬票。開票次日一大早，我去買了一份聯合報，我在嘉義的得票數是寫一萬六千票。但有一資深記者打電話來說：「你在嘉義市被作掉了一萬票。」我不信，再出去要買一份聯合報，店員說沒有了，已通通收回去了。後來我們到嘉義市謝票時，看到候選人林樂善把每一候選人的得票數寫在他競選總部的牆壁上，我的得票數竟然是「一萬六千票」，把一萬劃掉，只剩六千票。

當時每一個投開票所都有「速報單」，寫明每一個候選人的得票數。得票數除了在開票中心報告之外，依規定還得在投開票所張貼三天。十二月五日晚上，我們的義工在核對投開票所的速報單和台南市政府公告的票數時，發現台南市南區第六十四投開票所，黃某某（差我十七票而當選的人）的得票數與市府公告有所出入，速報單上是「壹拾玖票」，市府公告上為「五十九票」。我們發現有異，拿相機去拍投開票所張貼的速報單時，咦？早就被撕掉了。

十二月五日晚上，吳文牧師和大批民眾去台南市政府，要求蘇市長開箱驗票，要求讓我們派人入地下室看守票箱，但市長表示非經選舉訴訟，不能開封查驗，我們的助選員向地檢處按鈴申告。凌晨三點，檢察官答應將南區八個票櫃查封。十二月九日驗票時，我們請許安德利律師、蔡介雄省議員、周清玉總幹事、我本人和幾位代表在場立會驗票過程。我們發現有幾個疑點，但是檢察官不准我們發問，所以驗完之後，我們回選舉總部召開記者會，說明驗票經過的三大疑點：

1. 票箱封條已由原來的薄薄十字封條改為壁報紙。
2. 票箱內有一大包票，用塑膠繩綑綁，騎縫章是歪歪的。
3. 裡面小包是封起來，但是打開後一看，每一張票都乾乾淨

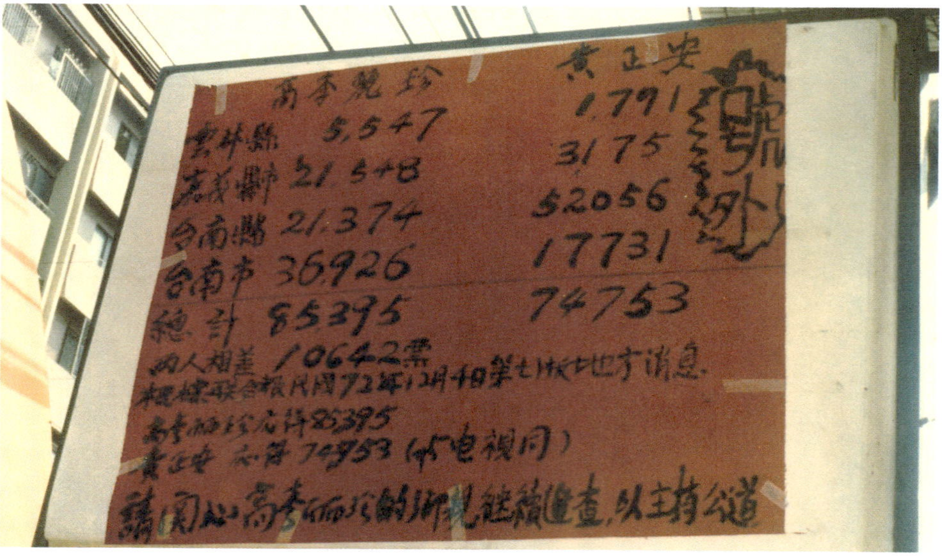

被國民黨輿步作票之後高票落選

淨，沒有折痕。

若是要一一提起，問題還很多。遇到如此不講理的政府，我們實在無奈。

參選感言

1. 在國民黨的壓迫之下，我們始終堅持真正乾淨的選舉——我們沒有買票，沒有犯規。
2. 我們雖然在國民黨不公平、不公正的惡劣選舉手段下，被作掉很多票而高票落選。但是，尚可欣慰的是，當時落選的人差不多都負債累累，可是，我們選後還剩下七十多萬元可做服務選民之用。
3. 我認為一旦要參選，就要全心全意投入。
4. 要表明自己的信仰立場，堅持自己的理念，要有團隊精神。
5. 我參選的目的，是願意為國為民奉獻自己所有。
6. 參選時盡力而為，選後將一切交託主，勝敗由主安排。

擔任扁政府無任所（無給職）大使

二〇〇〇年五月二十日，阿扁總統就任之後我受聘任我國無任所（無給職）大使。這等於是親善大使，任期四年，與總統同進退。二〇〇四年五月阿扁總統續任之後，我也續任到二〇〇八年四月底。至於我如何被提名，其過程我並不知道。

我們的任務分為財貿、人權、醫療、原住民、婦女與兒童、歐盟、文化等。我被歸類於婦女及兒童，領域是亞洲、大洋洲、北美洲等。工作方式是互相詢問交流，參加相關的國際會議，接待所負責部門的外賓。

無任所大使的人權、原住民、婦女等小組同事們訪問澳洲，與國會議員交流

二〇〇一年五月八日下午六點三十分，無任所大使就任典禮。

大使的工作

1. 正式就任後，我們陸續在外交部辦無任所大使與外交部部長、副部長、研設主委及相關長官的懇談會。

2. 二〇〇一年十月一至五日由新聞局主辦，帶領人權、原住民、婦女的無任所大使和兒童 NGO 非政府組織喜憨兒機構的董事長以及兩位政府官員，一起到加拿大多倫多訪問加國的人權機構、原住民部落、兒童福利機構、婦女人權，尤其聽取受家暴婦女如何站起來的經過。

3. 二〇〇二年由外交部研設委員會主辦，主委由 NGO 非政府組織組長陪同，帶領原住民、婦女、前世界展望會會長等訪問紐西蘭及澳洲，與他們的外交官交流，並聽取兩個政府的婦女政策、青少年教育和訪問原住民部落，見習他們的風俗習慣。

4. 我個人的工作：

a. 二〇〇一年十二月十六至二十日我與九位 ECPAT 終止童妓協會理事、工作人員等參加在日本橫濱舉行的第二屆反商業性兒童性剝削大會，參加者共有三千名左右。

b. 二〇〇二年九月四至七日我們三位 ECPAT 正會員及一位工作人員參加在泰國曼谷舉行的第二屆國際 ECPAT 會員大會。

c. 二〇〇四年六月二十九日至七月四日，我帶領十七位不同機構婦女代表到泰國曼谷，參加國際婦女論壇。就是一九九五年北京世界婦女大會後十年的前一年，亞洲婦女聚集，評估北京婦女大會決定要做的議題。會後由駐泰國代表安排，與駐曼谷的傑出婦女代表餐敘聯誼。

d. 二〇〇五年九月八至十二日與 ECPAT 四位正會員其中一位青年代表和一位工作人員到巴西的 Riodeganeiro 參加第三屆國際 ECPAT 的會員大會。本次改選主席由菲律賓的 Amihan 女士當選，東亞執委是我們台灣的代表廖碧英女士當選。我們很欣慰台灣能夠透過 ECPAT 國際委員會，有向亞洲甚至世界貢獻於兒童人權的機會。

高李麗珍牧師娘一直十分關心台灣政治的發展，並與高牧師一直積極參與至今

大使的心聲

（一）、我覺得我當無任所大使的職分尚未落實。應該更積極著手才是。我們要做國民外交，一定要將我國的特色、進步的地方、有貢獻於人民的好處，介紹給對方。若以現在台灣的政治背景，我們要做好國民外交是很困難的。

（二）、我們代表國家出去參加國際會議，時常會受到中共的打壓，所以我們要有清楚堅定的國家意識，隨時做好心理準備，在一旦受到打壓時立即應對。

2006 年 10 月 10 日參加在馬來西亞舉辦的 ACWC 婦女大會與世界小錢運動五十禧年慶祝會，會中與各國朋友合影

10

婦女參與
國際事務的體驗

女性參與公共事務的困境及不平等待遇

我曾擔任台灣基督長老教會七星中會中委長老，參與中會事務。我覺得在台灣的教會，很多年資較深的教會，好像男女不太平等，如教會要選長老，差不多都是年紀比較大的男性做長老，女性頂多選上執事，女的長老偶爾會出現幾位。然而，到了中會就更困難，中委長老多數是男性。女性中委長老若要被推派任總委長老就更少，十個看有沒有一個。很困難！這是咱要努力改進的地方！[1]

不過，我所參與的義光教會是很年輕、年資很淺的教會，所以比較沒有那種現象。我當時在義光教會時很公平，兩位女的長老、兩位男的長老，執事裡面也有女的，當然男的比較多。我在義光教會時，長老輪流代表去中會開會，比如說哪一年某某人代表，再來就換別人。不過，我因為進中會就被選為教社主委，任期兩年。為了配合中會事工，教會就讓我再延一年，繼續做代議長老。比較年輕的教會，制度已經有改變，比較有考慮男女的分配各要幾分之幾、年輕的要多少位……等。

以我去參加亞洲基督教協會（Christion Conference of Asia，簡稱 CCA）的經驗為例。我一九八五年代表台灣去參加 CCA 的會議，我們台灣代表團有四、五位。CCA 分四個區域，東南亞、東北亞、亞太地區、亞細亞區，四區要各選一名代表入主席團，一任五年。一九八五年那年，剛好台灣可以有一名代表被提名，我們提了蕭清芬院長。代表團成員大概都有牧師、婦女、青年、平信徒等，大會說：「不可以，你們台灣都沒有提過女性代表，這一次要提女的。」然而，女性代表就是我和另一位比較年輕的代表，是當時 YWCA 的總幹事，她比較年輕，所以提名我做候選人，後來有當選。

當時，我實在是嚇一跳，嚇得半死。我不曾參加過 CCA 的會議，CCA 是怎樣的組織也不清楚，一下子就被選為主席團的一員，若有召開會議，主席團的四位主席要輪流主持。當然比較難的議題都是資深的在主持，女的或是年輕的擔任介紹、司儀等比較輕鬆的工作。但是起初還沒有進入情況，嚇得要命。當選時，我正在猶豫躊躇想要推辭，有一位在亞洲宣教的女宣教師來找我，她看我很難過，就帶我去禱告室禱告。她對我說：「路得（Ruth），我們不是之前在婦女的會前會才在說，我們婦女要有進取心、要提昇自己。人家選你，你又要推辭，這樣對嗎？」我說：「我很害怕，我都沒有做過，我什麼都不會。」她說：「花瓶若裝水裝到水滿，你要再加水就倒不下去了；但若是空空的一個花瓶，你就可以加水下去。相同的，上帝要用的是空空的器皿，你不會的，上帝要用你，祂會幫助你。」她一直鼓勵我，我才得以壯膽！從那時起，我才開始學習參與CCA的工作，以及日後的許多國際會議。

CCA主席團的四位主席都有各自的代表性，也就是說，有的區要選出牧師代表，有的區要選出平信徒代表，

1987年我（左一）參加在印度New Daly開的WARC執委會之後，到南印度Madras訪問CCA屬下教會及其社會工作，得Rev.Azalaia的招待，參觀許多地方，印象深刻的是去看他們遊民所在的貧民區

有的區要選出婦女代表，有的區要選出青年代表，都要輪替、交換，這國若選婦女，下次若再輪到時，或許就要提青年、牧者或平信徒代表。這是比較公平，比較不會相爭的。

參與亞洲基督教協會主席團的經驗

CCA的組織有分主席團、執委、常務委員，還有九個事工委員會：信仰與教制、發展與服務、青年、婦女、財務、宣教與傳道、城鄉（URM），國際事務、傳播等。

CCA沒有包括天主教，但是我們台灣是以國家合作委員會（NCC）加入CCA，而我們的NCC有包含天主教，所以有一次去印尼開會就發生小小的誤會。我們一位青年代表是天主教徒，他好像填資料時有寫天主教，有人在懷疑這個人是來這裡做什麼的，其實他是我們台灣代表團的成員。還好有一位牧師告訴主辦單位：「我們台灣是天主教也包含在NCC裡面，他是天主教徒、是一位平信徒、是我們的青年代表。」才沒事。

在CCA的經驗很難忘！俗語說：「未曾學剃頭，閣遇著鬍鬚仔。」（按：台語俗諺「袂曉剃頭，拄著鬍鬚」。意思是不會理髮，卻又遇到大鬍子。比喻在經驗不足的情況下，偏偏又碰上棘手的難題。）我參與 CCA 那一任期是一九八五年到一九九〇年，發生很多問題，一個難關未過完又來另一個難關。比方說有被選上常務委員而不要就任的！為什麼不就任？就是她要服從她的教會，教會由有勢力的人弄權，握權的人說不可接受，她就不敢接受，就是用「不就任」來向我們杯葛什麼的。我們後來也是沒有辦法，就再跟她的教會領袖溝通，溝通好幾年。有些代表說，這實在不是我們的問題，是他們自己內鬥，他們裡面的問題提出來在檯面上跟我們主席團角力。主席團無法處理，就在執委中找比較年長的牧師，比較知道他們情況、他們個性的人幫忙解決，費了幾年的時間。

另一件難處理的事，是一次青年的會前會。有一些青年比較關心人權、勞工等議題，在未通過青年議會議決之前，一位澳洲的青年散發他們對勞工人權的聲明書，是支持勞工人權的相關言論。當時新加坡的政府可能比較融共，聽到爭取人權相關的議題，就說要強行處理我們 CCA。主席團忽然間接到通知，CCA 設在新加坡的辦公室被強行關閉、銀行帳戶被凍結，職員都要強制搬出新加坡。我接到通知就趕去新加坡，總幹事、主席團的人都必須趕去跟新加坡政府商量：「讓我們寬限一下，不要馬上就要我們搬走，讓我們緩衝一段時間。」去跟他們溝通說：「這不是什麼反共，是

1989 年 CCA 執委會在韓國漢城舉行，主席團代表與常務委員合影，高李麗珍女士（右一）時任主席團婦女代表

在還沒有正式通過議決就發出聲明的消息。這實在是在關心勞工的事情，不是什麼思想的問題。」但是沒辦法，就是很難溝通！我們CCA事務所好幾年都在新加坡，忽然間被命令：「你們一定要離開這裡，不能繼續在這裡。」這些工作人員、幹事都住在新加坡，現在要去哪裡？只好召聚大家商量CCA現在要怎樣，要集中在一個地方、還是要分散？後來密集開會，不能用傳真，要集合開會，那時在香港臨時召開一個「要怎樣支持CCA？」的會。後來，CCA的事務所就暫時分散啦！工作人員有

的住菲律賓、有的住泰國、有的住日本、有的住香港，都用電話、電腦、E-MAIL在聯絡。到我要卸任下台時，還是分五個地方上班。現在他們集中在香港，有買地、買房子在香港，那時我們台灣奉獻很多錢來支持。

所以我才會說：「未曾學剃頭，閣遇著鬍鬚仔。」這兩件大事就有得忙，但是也學習很多。我是第一次參加CCA，所以不能說有什麼決策、主意，就只是配合、跟著他們，說要去新加坡就跟著去新加坡、要去印尼就跟著去印尼，聽他們怎麼說，跟著人家參加、商量，學習怎樣決定、怎樣處理事情。我覺得，在那裡學習很多！在我們任內遇上大事情，還好有一些比較穩重的前輩，會指導應該怎麼做。實在是很不容易！CCA、WARC、WCC的經費都是奉獻來的，特別是辦公室要設在哪裡開支比較便宜，放在哪裡較安全，放在哪裡比較沒有政治上的干擾，這都有相關的。

在參與國際組織中開闊自身的境界

在參與CCA之前我去過日本、美國；因參加了CCA，使我有機會接觸亞太地區的國家，我去了香港、泰國、印度、印尼、新加坡、馬來西亞、澳洲、紐西蘭……等；參加終止童妓協會（ECPAT）使我有機會去斯里蘭卡。我有機會訪問這幾個國家，跟這些教會領袖一起學習，這與高牧師被捉是有相當的關係！由於大家比較了解、認識高牧師，自然就會比較關心我，讓我有機會參與。

CCA 裡面有一個單位，籌設基金關心比較貧窮、未開發的地區，處理接受申請及補助的機構。比方說哪一國要申請什麼？如印度某地方沒有水、要挖古井，要申請多少補助；有的地方說要作婦女職業訓練，需要裁縫車，要申請多少錢。很多亞洲開發中的國家，都需要這樣的補助。那個單位就是在審查、篩選要給哪些機構、多少錢。我參與了許多這方面的工作，去看了更多艱苦的地方。這機構叫亞洲基督教社會關懷機構（Association of Christian Institutes for Social Concern in Asia，簡稱 ACISCA）。

那當中有去過印度，我住在一位主教的家，他有幾個傭人，家裡都有紗窗，是西洋式很豪華的房子。去馬特拉斯看人們的生活，他們有分階級，那個階級外的人的生活實在很苦，都住草房、矮房，中午十二至一點才有從外面的水管流下來乾淨的水作為煮飯用。他們家家戶戶都拿鍋子、水桶來這個特定的地方裝水。要洗衣服、做什麼都是用髒水。我在想，這是要怎麼生活？難怪他們那裡衛生不好，就是那麼落伍！我問說：「那你們沒有改善，讓他們住好一點的環境嗎？」主教說：「有啦！政府蓋的房子離他們做工的地方較遠，所以他們就不去住。」好像不適合他們的生活，說有的人就習慣愛住這裡，不愛住政府蓋的。不過，住在這裡實在衛生很差。寺廟很多，環境很落伍。印度內部貧富差距懸殊。馬特拉斯是很落伍的地方，住的地方沒水、沒電，每天得到這些乾淨的水，差不多是要煮飯菜的水而已。差別是要如何拉近？怎樣幫助？有很多需要改善的地方。

我也曾去菲律賓的一個島嶼，有大佃農，就是農民的大地主，農民是在幫他們做事的。現在有爭取一個公共的地方，讓農民耕種。我們去參觀合作農場，很有趣！男的做這個、女的做那個，都有分工。婦女利用蚯蚓把土壤弄鬆，那些土拿去種東西，做這些比較輕鬆的工作；對於護理有一點知識的人就要顧醫務室，若有人生病，就給予適當的照顧。男的就做比較勞動的工作。

我在菲律賓也有去看天主教所辦的難民營。大的天主教堂有難民住在那裡，大的鍋子煮類似我們的鹹稀飯，給大家分食。一個阿公說，他孫子死了，小小的遺體就裝在一個小小的棺木，放在天主教堂的角落。在那裡若民兵來了，或是什麼緊急狀況，他們就要逃難，有些家人就分散，有的生病也沒有藥吃。那個小孩子死去，也是這樣的情況！

我跟幾個 CCA 的代表一起去，他們請宣教師的兒子帶我們去訪問宿霧的難民營以及合作農場。聽他們說，民兵來時，會問敵軍是不是曾來過這裡，有個農夫沒有回答而已，就拿槍起來打他，在他們的園子那裡將他打死。農夫的太太趕來時，已經被打死了！之後，她去找公公來一起收埋屍體，但是來時有山豬還是野獸在吃屍體。聽了心裡很難過！

也有孩子在說，民兵來了他們就要逃難，父母叫他跟村莊裡的人先走，他們要收拾一下，比較晚再去。結果，來到天主堂幾日了，他的父母都沒有出現，不知還在不在人間。他想要回去看，但人家阻止他說：「不要回去，危險！」像這樣，他們說要去叫議員來，要求治安要做好一點，但都等不到人，議員不敢出來見人民，他沒有能力去溝通或是怎樣出力。我聽了這麼多故事，當晚在他們的農舍睡覺時，我自己在睡夢中就喊出：「軍隊來了！軍隊來了！」我自己有那個害怕的心，在睡夢中喊到醒來，還好只是一場夢。

看他們菲律賓的局勢不安寧，這裡一個島、那裡一個島，這裡一個家、那裡一個家，沒有像我們台灣這麼安全。很可憐！還有一些農民的生活，跟那些野獸活動的範圍很靠近，也沒有防備的地方。

我也有去看那裡的垃圾山。我去看時，蒼蠅跟著我走，地上泥濘不堪，那種環境不是人能住的地方。那裡的人要生活，就要靠撿那些很髒的垃圾袋，洗一洗、清一清拿去賣。有一位菲律賓的社會工作者在我們開會時說了一件事。他說，他們有配給食物到那個垃圾山的地方。有一次一個孩子拿一個碗出來，人家都是碗拿來裝了就趕快吃，那個孩子卻是端著所得到的食物一直走、一直走。人家問她說：「要端去哪裡？」女孩回說是要端回去跟家裡的阿嬤分著吃！聽了實在是眼淚快流出來。孩子那麼貧窮，還會有心拿回去分給阿嬤吃。沒有得吃的人就是這樣，窮到這種地步，但有一碗稀飯也是要分享，不是說顧自己先吃、先享受。

在CCA的這段時間讓我看得比較多，東南亞和我們台灣比起來，真的我們是主權不受尊重，是這一點我們在困擾。要不然，我們每日的生活實在是很浪費，很浪費的浪費。我若想到在那裡看到的情景，再想到我們在吃桌（宴席）時，一道一道出菜，差不多吃半桌就飽了，剩餘的都丟掉。感覺我們貧富的差別，實在是分享得不夠，沒去看那些需要者的需要。我後來有機會參加WARC，WARC有一位非洲的牧師曾經在講道時說過，他說：「我們用主禱文禱告時說『我們日用的飲食，今日賜給我們』，不是說賜給『我』，而是賜給『我們』。我這樣禱告時，我有在分享我的食物嗎？」他那句話真的是有很重的意思，上帝給我們的東西足夠大家用，但是因為分配不平均，所以有的人吃得很飽、吃得很浪費，有的人是餓到沒有得吃。

現代女性享有的優勢

一九八二年牧師仍被關時，起初他們（當局）都不允許我出國，很多地方來邀請也都不准，比如美國的長老教會婦女三年一次的婦女大會，世界歸正教會聯盟（World Alliane of Reformed Churches，簡稱 WARC）第二十屆的總會。後來政府考慮讓我出去，好像有去請教一位教會長老，那位長老說：「我們若要標榜我們是民主國家，就不能禁止人家出國。」那次當局就讓我出國。那時沒有觀光 VISA，都要用探親還是什麼的理由，探親也不能一年好幾次。所以替我安排行程的人就說：「難得有這個機會出去，就要規劃一兩個月的行程，去多一點國家。」幫我安排赴六月在加拿大的 WARC 總會之後，再到美國赴他們三年一次婦女大會，也有人帶我去美國國會拜訪議員，又去訪問加拿大的教會、美國的長老教會、歸正教會和美國的聯合教會。在參加 WARC 第廿一屆總會時，一位南非的牧師 Dr.Allan Bosak 被選做主席。開會禮拜的時候，剛好高牧師在獄中做的那首詩〈莿帕被火燒〉（意即「荊棘被火燒」）[2]，我有帶出去。當時總會那些牧師馬上將它翻成英文、德文跟西班牙文，開會禮拜時就用〈亞伯蘭的上帝〉[3]

那首詩的調唱，較悲哀的調，在唱之前叫我先用台灣話讀，讀完之後，大家用翻譯的歌詞唱，他們就知道意思。唱那首詩的時候很感動，很多人在流眼淚。

那時的執行委員全世界可能三十三位，差不多只有四位女性而已，在改選時說要增加女性名額。在這樣的時候，女性會相對佔優勢。當時總會說亞洲還要再增加三位女性，所以我入選，亞洲就多我、印度一位、韓國一位，這樣女性就變成七位。全世界三十三位，才七位女的。到第廿一屆（一九八九年）在韓國開會時執委會提議，女性要加到十一位，要差不多占三分之一，現在非洲也多幾位女性代表。第廿一屆還是Dr. Allan Bosak 連任當主席，但是隔一年，因為他非洲的教會免了他的牧師職，所以他的主席位置也就被免了。隔年的執委會時要補選主席，那時韓國一直要推亞洲這一位韓國的代表出來，他做好幾次副主席了，他們盼望他能入選，那一屆（廿一屆）大會是韓國承辦，用了很多錢，辦得很好，但是那一次他沒選上，雖然我們亞洲這些代表很希望我們東亞的代表能選上主席，結果呢？差一點！還是女性選上，是普林斯頓大學宗教學女教授 Dr. Jane Douglas。因此女性的代表席次從四個變成七個，再變十一個，最後變成選上主席。這讓我體會到世界在進步，WARC 也在進步。

在世界歸正教會聯盟（WARC）的參與

我初期參與 WARC 執委會時，委員會的組織只有「神學」和「合作與見證」兩個部門。「合作與見證」裡面有人權、傳播、婦女，婦女也是後來才有的，起初沒有。起初只有「神學」，他們注重神學跟經濟、財務；「合作與見證」關心的都是一些人權的問題，像那時非洲人種差別的事。南非種族隔離的事，是很頭痛的問題，後來經過幾次與荷蘭歸正教會溝通，甚至把支持政府執行種族隔離的南非荷蘭歸正教會停權了。先向他們發通告說：「你們若不聽、不改善，你們若不改過就不能來參加這個會，不能成為 WARC 會員。」WARC 執委會曾派代表去跟他們溝通，用硬的、用軟的，還有非洲的委員也很努力，他們也對他們的人權需要提升有所覺醒。Dr. Allan Bosak 是非洲的黑人，第一任當主席時很會演講、很會做。當時我台南服務處曾經幫他翻譯過一本書《上帝的指頭》，都在主張人權的事情，很勇敢。Dr. Bosak 頭一任七年都沒有什麼差錯，後來荷蘭歸正教會漸漸也改變他們的立場。換曼德拉當總統之後，非洲的人權就改善許多了，WARC 也讓他們教會復權了。我當執委時也支持過蘇丹人民爭取人權，都是政府跟教會衝突的問題。

我們開會分小組，那時有分婦女組，他們叫我這個阿嬤級的作小孩及青年組的召集人。還好努力運作，到後來可以讓盧悅文小姐（台灣的女青年）去作青年的幹事。起初沒有青年這一組，後來說我們 WARC 的成員老化，來開會都是一些老人家，要讓年輕人參加，所以決定去哪裡開執委會就請那國派幾位青年代表出來旁聽。我們的任期一任七年，每年都在不同的國家開執委會，曾經在瑞士、巴西、非洲、喀麥隆、埃及、印度、東德、英國、澳洲、紐西蘭、日內瓦等地，直到宋泉盛牧師當主席時才到台灣開執委會。

有一年澳洲爭取去他們國家開執委會，我們也想要爭取，但因為他們的條件比較好，我們爭取不到。辦總會一次都來好幾百人，我們比較難爭取到。設青少年組之前，我們到哪裡開會，就請當地的教會派幾位青年參與我們的執委會，好讓青年人了解執委會的功能。他們要發表什麼、表演什麼都可以，盼望這些提供我們參考。第二十三屆在匈牙利開總會，那次宋泉盛牧師被選為主席，邀請青年來大會當義工，訓練他們了解 WARC，那時就有青年幹事的設立。在第二十二屆總會之前就設立了婦女的幹事，是一位非洲的女神學家，擔任婦女幹事，起初是一位白人，後來換成非洲人。為了經費的問題，我們去瑞典開執委會時瑞典的委員提議：「我們瑞典來出錢，也出人。」用兩年之久去各國去調查、去各國找這些孩子，舉辦青少年的會、兒童的會，看是否能在匈牙利開大會的時候，可以有一位女青年的幹事。瑞典出錢也派人做一任之後，非洲的人提議瑞典再出錢就好，人不用他們出，換別國的人來做。所以幾年之後，我們就推盧俊義牧師的女兒盧悅文小姐接任。組織漸漸擴大，有神學、合作與見證、婦女、青年，現在傳播也獨立出來，有一位幹事負責，他們常常出版書籍。

1988 年歸正教會聯盟在北愛爾蘭開會時，與最好的朋友 Ms. Joy Michael（印度人）和 Ms. Dorinda Sampath（千里達人）在 Belfast 街道上留影

台灣參與 WARC 的重要性

WARC 在全世界有七、八千萬的信徒，但是大多數的教會都比較貧窮，如印尼是荷蘭時代福音就已傳到的地方，所以 WARC 的成員有很多是印尼教會的信徒。印尼、印度和非洲等很多的國家，都沒有辦法繳會費。有一次，在韓國召開總會前的一個執委會會議中，主席問我們委員教會可以奉獻多少錢。我參加執委會之後，總幹事問我能否提高我們（台灣）的奉獻，我們從一年數百美金提高到一千多美金。到韓國要開總會（二十二屆），我就問菲律賓的代表：「你從菲律賓到韓國的機票是多少錢？」其實跟我們台灣的費用差不多！我就算一算，向我們台灣長老會的總幹事說：「我們（台灣）可出兩位菲律賓代表去開會的旅費，作為我們奉獻的一種方式。」我想向總會募款，那時商牧師在做議長，我拜託他說可不可以從教會募款，一間教會若出五千元，幾間教會來出就夠了。從那時起，奉獻就提高很多。以前我去開會，旅費由 WARC 出，我要去募款來奉獻。之後我向 WARC 提議「旅費我們（台灣）自己出」。起初，從我開始募款，一間教會五千元，這樣去募款來的就超過我旅費的金額，其餘的用來奉獻。WARC 也是強調：「若能力可以的教會，來開會的旅費你們自己出。除此之外，再協助奉獻，支持經濟較困難的教會。」在那裡當執委以外，還要幫忙想這些募款的事，非洲、東南亞、中南美等地都有不少教會不能繳會費，也不能出自己的旅費。比較有在出力繳錢的是澳洲、德國、加拿大、瑞典、美國等國，都差不多由他們奉獻協助。

人權方面，我們開會時有關心人權的小組。每次開會之前會先問總會這次有什麼需求、有什麼要報告的，都要寫報告書，有什麼要求代禱的或是要求 WARC 支持什麼樣的事工時，我們都會事先提出，在討論的時候可以拿出來講。我曾好幾次在人權小組開會時，跟他們提出：「我們台灣要加入聯合國，拜託支持我們！」因為在 WARC 有一位美國長老教會的代表，他在聯合國辦公室有一職位，一些受到政府壓迫、壓制還是受到不公義待遇的教會，都會透過他跟聯合國陳情，盼望情況可以改善。像蘇丹的教會常常因為政府的壓迫，以及遭遇戰爭，人權方面很需要聯合國幫忙。那位代表的名字叫做 Mr. Smilie，他都常跟我說：「你們到底要用中華民國？還是台灣？你們要先決定，我們才可以幫忙你們。不然，你們人民說要用台灣的名義，政府說要用中華民國，這樣我們如何幫忙你們？」所以，雖然去那裡有很多機會要求幫忙，但若是我們自己沒有團結一致，是很困難。我記得有一次波羅的海三小國中之一有位代表在執委會，他們要求從俄羅斯獨立，請大家支持他們。我不敢說到獨立，我說：「我們要自決，我們人民有決定自己將來的權利，我們要自決請支持我們。」那時匈牙利一位代表說：「敏感！這個問題很敏感。」後來在比較大的會，我再說時，菲律賓的代表是一位律師，他聽到就說：「人家獨立都敢說了，說自決有什麼敏感？」後來有一次，我們教會邀請那位匈牙利代表到台灣看看，我帶他去二二八紀念館參觀，也去看那紀念碑，去看紀念館裡面的圖片、相片並說明給他聽，有助增進他對台灣實況的了解。下一次會議時，適逢李登輝先生在選總統，那時中國用飛彈對準台灣要攻打我們，那時我要求說：「我們現在在選總統，中國在針對台灣，要發射飛彈，請為了我們二千二百萬（那時還沒有到二千三百萬的樣子）人民的安全來關心、禱告。」這時這位匈牙利的牧師自己發言（我沒有拜託他）說：「人家在選總統，不是一個獨立國家嗎？不是一個獨立國家怎麼可以選總統？人家在選總統，怎麼可以要用飛彈打人家？」他又說：「我們應該支持他們（台灣）！」後來，匈牙利教會跟我們締結姐妹教會，他們的議長、總幹事已經來過台灣兩次。所以有機會說，就要說。但是有時我們自己沒有力量，就有必要請那些跟我們比較友好的人替我們說話。更大的力量就是請他們到台灣看看，讓他們知道、了解我們跟中國的情形完全不同，中國不能來干涉我們，我們這邊也沒有去干涉他們。所以讓他們來看是有很大的幫助！俗語說：「百聞不如一見。」

所以宋泉盛牧師提議說請執委會先來台灣開會，用意就在讓更多普世教會領袖來看看及了解台灣的實況，進而可以更支持我們。若要請他們來台灣開執委會，我們可以負擔，若是召開總會的話，可能我們力量還不夠。為了解決經費問題，宋泉盛牧師在他當主席之後提議「一元奉獻」。「你說你再窮的國家也有一元可以奉獻，你不用說一日一元，一個月一元就好了。」當然，若是從一般的人來看是不困難，對實在貧窮的國家來看是有困難。他的意思是說：「你若有奉獻，比較有參與感，比較不會

1988 年 10 月 25 日 WARC 執委會在北愛爾蘭的 Belfast 開會時，受邀在約三十位執行委員前，介紹台灣的處境。

覺得你都是讓人家幫助，你也有參與。你不但有奉獻一點錢，同時也是有參與這個事工。」不過好像推行得不太理想！有一次在亞洲開會時，財務委員也曾邀我一起去韓國訪問，去鼓勵信徒奉獻，可是韓國也奉獻得不多。日本只有長老宗的教會才有參加WARC，然而日本的長老宗是比較弱，所以沒有那麼有能力奉獻。台灣愈來愈投入，特別是從宋牧師當主席之後，我想我們的奉獻有增加。現在盧悅文小姐在那裡當青年幹事，也是有很大的幫助，聽說她的任期也差不多到了。[4]

參與 WARC 的心得

參加 WARC 之後，我對普世的教會較有概念，較有親切感！比較不會認為那是三天地外（按：遙不可及）的事情！也增加很多的朋友，我參與 WARC，有十四年之久。與我同時作委員的，差不多都與我年齡相近，有的比我年紀大一些，有的比我年輕一點，若出去都住在一起，我們每一年在不同的國家開會，都很親密、很有話說。我們去了印度、非洲、喀麥隆、埃及、紐西蘭、瑞士、北愛爾蘭、瑞典、巴西、澳洲，東西德的牆還沒有拆下之前，也有進去東德一次。第一次與高牧師只坐火車到東柏林看看，第二次去 Buko 參加執委會，到柏林附近的鄉村去看戰後的受害情況、受損的房子，什麼都還沒有整修，是很窮的地方，我們住在較鄉下的浸信會營地。我們在台灣飯後比較不注重吃甜點，而是注重吃水果，去到哪裡開會，我都是先去看看有沒有什麼水果可以買。東德主人知道我們沒有東德的錢，有給我們一個人東德五十元，但是也沒有可買的東西。在那裡開會的地方，只有一間小店鋪，店有時有開、有時沒開，在賣什麼也不知道。有一次問管伙食的人有沒有水果，有一餐飯後拿了幾顆不新鮮的蘋果給我們。我們出去散步時，撿樹上掉下來的，比他們給的還新鮮、還好吃。就是很窮、很窮！在那裡他們教會報社有訪問我，那時高牧師已出獄，他們也公布了我的消息，他們問我：「會怕嗎？」但是我跟他們說：「我訪問的教會，都是在主裡面的人，所以我不會怕。我若是從外面回到我們自己的國家時，我在這裡說的話，那時就沒有辦法說。」他們好像很珍惜那種機會，讓他們知道台灣的消息。他們還保持很古早、很虔誠的信仰生活。雖然很貧窮，但很虔誠、很親切。

參加 WARC 讓我去很多的地方、許多不曾去過的國家，像我們要去巴西的途中，也有機會訪問教會。我從台灣去巴西，一行人四、五個去墨西哥，有一個使命——訪問那裡的長老教會。他們的教會因為總幹事換人之後，交接得不太好，時間一久，就不知道自己是不是 WARC 的會員。我們慢慢地跟他們說明，以前是 WARC 的會員，現在的情形是怎樣我們不知道，盼望可以再回來參加。墨西哥那裡也有像開羅那種的金字塔，是人造的，比較小，上面沒有那麼尖，好像作為墓地的樣子。

去埃及開羅的時候也是有去看金字塔，導遊帶我們去看人造的金字塔。那麼大的石頭不知道怎麼搬上去的，可以擺到那樣高，疊得那麼整齊。他們可能古早就很聰明，對數學、幾何三角這種科學的了解就很進步。看完之後，導遊就帶我們去看天然的金字塔，在 Aswan 有。較南部的山區有像這樣尖尖的，但不那麼尖，是天然的山去挖的，挖進山之後，往上修造，你爬很高才會發現原來有那個墓地在裡面。山洞裡面有房間，還有陪葬的地方，那時埃及人主人死了，佣人就要一起陪葬，也有擺主人、佣人石棺的地方，有一間有水塔用來清洗屍體。他們要建房間之前，在入口先挖很深的水溝，導遊先生說，他們在幾千年前就有那樣的知識，在入口處隨著山的地形挖很深的水溝。用意是說萬一下雨時，雨水就沖到水溝，不會流入洞內的房間。裡面牆壁上也畫有壁畫，有石棺放在比較寬闊的房間，有家人休息的房間，也有陪葬的地方。在這裡面不能用閃光燈、不能照相，有一些生意人在門口拿反光板，若有人要照相，他就把反光板放在門口，讓光線反射到洞內來取光照相，這是要付錢的。做生意的人很有辦法賺錢。我在路邊看有人在做比較稀奇的工作，我們若要拍他們的工作情景，也是要付錢給他。所以也看到很多平常比較少機會看到的場面。在開羅金字塔前廣場有讓人騎駱駝的，騎一次四塊美金，我試了一下，駱駝站起來我就嚇得要死，駱駝走、繞一圈，主人就讓牠跪下來讓我下去。

體會在主裡的肢體關懷

參加 CCA 時，我看亞洲、東南亞這些國家，參加 WARC 時我有機會看更多國家。WCC 正式的議會我是沒有參加過，但是曾去參加他們五十禧年的慶典，在辛巴威舉行，途中我有去訪問幾個國家，比如尚比亞。非洲去過兩三次，北美洲比較常去，巴西南美洲也去過。我第一次出國訪問時，行程安排兩個月，就是讓我 WARC 的會結束後到美國，也讓我途經夏威夷，從夏威夷繞到澳洲、紐西蘭，再回到夏威夷。過程中我都是自己一個人。在美國黃彰輝牧師陪我去國務院，去拜會教會時也有人帶。之後，紐澳我自己一個人去，當地有人接我。紐西蘭是從北島開車，一位女宣會長，六十歲的姐妹 Mrs. Nancy Jansen 開車載我去。早上起來吃飽、出門，十點就下車到一間教會，分享高牧師的事情，吃點心、與大家聯誼後再上車出發。到中午就又下車，分享、吃飽又開車。三點就又一站喝下午茶，分享後再開車，到晚上才休息。就這樣開到威靈頓，再從威靈頓坐小型飛機越海（小飛機飛行會搖來搖去）到基督城，從那裡再由另一位姐妹幫我開車，到 Daniden 那裡，再坐飛機回來。去時一開始一個人都不認識，但去了就認識了，在主裡大家都很親切，要我去廣播電台接受專訪啦！或是辦一個小的聚會要叫我講話！他們都很替我擔心：「你這些話說了之後會怎麼樣嗎？」我向他們說明：「在你們這裡說話，我都不會怎樣，這裡很安全。若在我們那裡我就不敢說，但是在你們這裡沒有關係。」他們都說為我們禱告！

去澳洲也是由婦女團契的姐妹接待我，先到澳洲的雪梨、再去墨爾本（我有一位 WARC 的委員朋友 Mrs. Margaret Watsor 住

參加 WCC 五十週年慶時，在尚比亞家庭訪宿經驗

在這裡，牧師出來之後我們曾再被邀去她們家作客）。我們去紐西蘭開 WARC 的委員會時，毛利族的教會請我們去參加他們的聚會，他們像我們這裡的原住民，都很愛跳舞。他們跟我們不一樣的地方，就是他們有一個聚會的地方，那房子的空間很大，晚上結束後，大家就鋪被躺在那裡，很自由地躺著休息，輪流演講，有的人坐在地板聽，有的人躺著聽，有的人就睡覺了，有的就很認真聽。他們有很多的儀式，像我們去要打擾他們嘛！在那裡過夜、在那裡吃飯，我們有帶禮物去，他們要先講歡迎詞，之後客人就要有人回應，然後要給他們禮物。他們說土地是母親，東西不是直接給他們，比如錢或禮物，就包一包放在地上（他們的母親），他們才去拿起來。主人跟客人要互相應答，若有一位客人講話，主人就要有一個人起來回應；若是主人講，客人就有一個起來回應這樣，很多禮儀。有一次高牧師跟我去時，毛利人都跟我們打小報告，說以前白人對他們怎樣不好，以前占領他們那裡的土地，怎樣怎樣的……（這些故事情節和台灣原住民的歷史經驗很相像）。白人反而比較客氣，有在懺悔，懺悔他們的祖先以前對毛利人很不好，真的有占領他們的土地，對他們比較刻薄。現在他們若出來開會，都會先推毛利人，讓他們優先，紐西蘭人說，毛利人的教會很興旺！毛利人請安的方式很有趣，外國人、歐美都是擁抱或是親吻，他們是鼻子對鼻子相碰。

WARC 去開執委會時，歡迎的儀式很長、很長，講話、唱歌，放樹根在臉盆裡搥搥，放一點水在裡面，然後倒出來給我們的主席 Dr. Daglas 喝，她也就這樣喝下去。我想說那不知道是什麼？喝那水有什麼意義？他們讓每一位客人戴用葉子編成的桂冠，表示對我們的歡迎。很有親切感。

我們在奧克蘭開 WARC 的委員會時，禮拜日要去教會請安，比較近的就坐車去，比較遠的就要搭飛機。我自己一個人坐飛機到最南邊的一個鄉鎮，到達時已經差不多傍晚了，其他的人都一站一站到了目的地，我獨自一人去最遠的地方。抵達時，是一位農家的婦人來接我，她看到我就抱著我說：「很高興看到你，我已為你們禱告很久了！」這句話讓我覺得很親切、很溫暖，不那麼陌生了。這間農家很大，是一間農村的教會，在很鄉下的地方。禮拜日上午有做禮拜，下午有婦女會，由我分享及作見證。結束後帶我四處看一看，再送我坐飛機回奧克蘭。所以我也體會一個人去我不曾去過的地方、見不曾見過的人。不過，相當感謝的是，在主裡面無論到哪裡，大家都像是親人、朋友一樣，那個親情會讓你安穩、不害怕，我體會到這是作基督徒最有福氣的。一路上有主跟我同在，到達時不認識的人用主的愛來迎接我，我深深體會到大家都很體貼我們牧師被關，我們擔很重的十字架、吃很多苦，但是得到很多的恩典，

1997 年 WARC 東北亞區會

也得到很多的朋友，去到什麼地方都能接觸到熱情接待的朋友，去到哪裡都有主內的弟兄姐妹，實在是恩典滿溢。

在 WARC 參與十四年之久（兩任），到一九九七年。從我們就任的一九八二年，亞洲的人就在說：「人家非洲、北美洲、歐洲都有區會，我們都沒有，亞洲那麼廣都組不成。」我們卸任之後，那位選主席沒選上的韓國代表 Dr.Chung Hyun Ro 出來組東北亞區會，他說：「我們東北亞先試試看。」由韓國、台灣、日本三國，七個教會來組成。台灣基督長老教會、韓國四個長老宗的教會（有 PCK、PROK、大神、合同正統），日本有日本長老教會跟在日韓國教會，七個教會輪流當主席，有正、副主席。

開會的方式是在韓國開會時就由韓國教會當主席，在台灣開會時就由台灣教會當主席，依此類推。韓國先開始，之後就是台灣，台灣那一次是我當主席，黃伯和牧師當副主席；再來輪到日本是野木牧師當主席，在日韓國教會牧師當副主席。開會議題在關心東北亞的安全問題跟教會的交流，也有談到外勞問題。日本、韓國、台灣是接受外勞的國家，菲律賓、泰國、印尼、越南等是輸出外勞的國家。在台灣談外勞問題時，我們有請菲律賓的委員來參加，順便訪問在台的菲勞。

任世界婦女公禱日亞洲區副代表

除了 WARC 之外，我也有參加婦女公禱日，曾被選為亞洲區的副代表。公禱日是世界性的組織，任期一次是五年，本部在紐約。在紐約辦公室有一位總幹事，這個會也有執委會代表，每年開會一次，商量禱告會手冊的主題

世界婦女公禱日委員會在牙買加舉行，與非洲和新加坡朋友合影

與內容，決定要為哪一國禱告、由哪一國寫手冊。婦女公禱會用每年三月的第一個禮拜五作為世界的公禱日，這一天無論何時都有婦女在禱告。寫手冊是有一組專門在研究主題，對聖經熟悉。一開始差不多四、五個主題，由四、五個國家提出，各主題都要有符合的經節，再看哪一年用哪一個主題比較適合，哪一個國家來寫內容。要寫的國家要一起合作，比方說韓國要寫，就要由南韓、北韓一起寫。主題訂了，就要訂經文，要寫那個國家的背景。「為什麼要用這個主題？這個主題跟你們有什麼關係？」都要考慮這些。開會時「主題組」每天都想這個問題，一個國家一個主題，想到頭快爆了。

委員會分為下列各組：

會員組—推廣招募會員

銓衡組—選執行委員，再從執行委員選出主席

法規組—研究設制法規，並指導這一方面的知識

手冊組—研究安排每年分配與禱告的手冊內容

主題組—要選出五年分的主題與經節，並研究主題由什麼國家寫

參加哪一個組是由委員自願。每五年開一次大會，要選出委員及主席。

這個公禱日的推行在於每一個國家都有自己的聯絡系統。像我們台灣的聯絡有兩個，一個是長老教會總會婦女部，另一個是YWCA。起初我們是一個聯絡處，後來分為華語系統和台語系統，才變成兩個聯絡處。台灣婦女公禱會是郭智惠女士去香港參加後所引進來的，後來由葉美智牧師推廣到全台灣，但是郭智惠女士引進時有找YWCA和浸信會、衛理公會、路德會，大家一起辦。我們沒有系統性地來組織，像選主席、委員，我們沒有！接到資料時，就臨時請大家分工，什麼人要翻譯，再討論說我們要如何推行。因為手冊資料有的還要再研究，翻譯出來後，再研究撰寫的國家地理位置、文化背景、現況，並且要討論如何推行、請誰講道、怎樣預備相關的配套，手冊內容有的有戲劇、幻燈片。最後，要決定收來的奉獻如何使用。長老教會婦女事工委員會會設法處理這些細節並在各中會推行。世界婦女公禱日總會（紐約的總會）委員會規定，十分之二的奉獻交給總會，剩下的才自行決定用途。台灣基督長老教會婦女事工部以中會系統推廣公禱日，所以三月第一個禮拜五所有的中會都有辦禱告會，參與人數與奉獻都比其他教派多。我們各中會所收的奉獻都收集到婦女事工部，把十分之二寄給紐約總部，其他的就用於委員會所定的事工上。

戒嚴時期政治受難家屬出入境常被找碴

我每次出境要過海關時，他們都把我的行李一翻再翻，要入境也是。有時我把教會禱告的資料帶回來，他們就會問我：「這是什麼？」我回說：「這是我們禱告的資料，我們沒有什麼武器，禱告是我們對上帝的祈求。」他說他要，我說：「你要請你拿去，這又沒有什麼。」有一次，我拿 WARC 前主席 Allan Bosak 的著作《上帝的指頭》翻譯本，是我台南服務處翻成中文的，去印度開會時我帶幾本去，他們看到那書就說：「這個是什麼？」我說：「這是一位非洲牧師寫的書，我們幫他翻譯的。我也帶一些長老會的簡章。」他說他都要，一本書、一張簡介。我說：「沒有關係！」有時甚至會把我的行李扣押起來。每次出入境都受到很嚴格的行李檢查。

生命蛻變的歷程

我覺得上帝在預備我的道路！原本在山裡撿木材、打赤腳的我，主漸漸預備我要走的道路，那個轉捩點是第一個養母讓我讀書。起初李家領養的哥哥說：「女孩子不用讀書。」因為鄉下傳道人的家境不好，我國小畢業時就有人要介紹我去都市當幫傭，若那時真是這樣，那我真的就完了！但是媽媽卻堅持說：「這個孩子我獻給主了，我要讓她讀書。」她就養豬來賺錢給我讀書，她身體不好還在養豬，我常常會想到那段日子，對媽媽讓我讀書感謝不盡。再來就是宣教師袁姑娘，我接觸到她，有機會學英文。她帶我和妹妹一起去日本讀書並協助她宣教，使我更廣地接觸日本，也有機會接觸北歐的宣教師，慢慢地較習慣外國人的生活，認識在外國的教派不是只有長老會，還有其他教派。這使我較有國際的經驗，漸漸得到訓練，吃什麼、樣樣都可以習慣。我也被訓練做口譯的工作。

另外，有玉山神學院的訓練，再來遭遇高牧師入監獄的艱苦，又給我機會參與國際會議。我受到很多的磨練，要走到這個地步，上帝一步一步地幫我準備。透過二二八，透過牧師的受難，還有原住民的困苦。我出去可以說原住民如何，他們的信仰如何轉變；也說二二八這些人如何受苦，當局如何用高壓統治來壓制美麗島的受難者及家屬，實情是怎樣、大家在爭取的是什麼、我們要的是什麼，再加上長老教會的信仰告白、長老教會的宣言……等。這些都進一步預備我可以走出去。

我覺得很奇妙，若忽然叫我做這些，我不知道該怎麼辦，說什麼？我不會。我若是牧會的牧師娘，也不會說這些，是上帝讓我經驗到這般的操練。我去各個國家，我敢勇敢地說，有話題可說，甚至去美國國會作見證，訴說「台灣如何如何，牧師如何如何如何」。我回頭看，發現一路走來有上帝奇妙的帶領！我常回想：「我自己怎麼那麼有膽量，四處都敢去？都敢跟人家說話？我以前很會吐、很會暈車，上飛機時就會暈，要下來時就會吐，但我獨自出門時竟然都不會。」我自己覺得這是奇蹟，我自己的人生就是一個神蹟。還好有人替我禱告，特別是這些媽媽、弟兄姐妹、親人朋友、會友，所以牧師跟我們能夠平安度過這一段困難的日子，又能得到更多益處。

大家都說我們背的十字架很重，但是我卻要說，應該是像哥林多後書四章所說：「**我有這個寶貝裝在瓦器裡面，這要證明不是我們的能力，而是要彰顯上帝的、耶穌基督的大能。**」以前讀聖經讀完就過了，但是牧師被捉後聖經經節變得很活、很有靈感，每一句讀起來好像都是在對我說的。

感謝的話

我特別感謝我的丈夫高俊明牧師，他是我最大的精神支柱，他給我很大的自由，讓我自由自在地在國內、國外開會，訪問教會。若是沒有他的支持，我就沒有辦法在國內外參加那麼多委員會，也不能做任何事奉。

我也要感謝我的第二位養母。第一位是給我讀書的機會，第二位是當她還健康在世時，也就是我在國內、國際上很活躍時，每次我要出門，她都幫我看家，並且幫我料理家事，讓我可安心出門，她實在是我的大幫手，我很感謝她。

我的三個孩子慕源、黎香、黎理都很合作，他們需要我時，我常不在他們身邊，我覺得對他們很虧欠。

感謝主，他們都沒有給我很多掛慮，我於一九八二年出國開會時慕源與我一起出去，在美國讀書，一直到他就業、成家。高牧師出獄後，黎香也去英、美留學，黎理神學院音樂系畢業和劉錦昌牧師結婚。黎香回國教書兩三年後和戴明雄先生（他後來也當牧師了）結婚。現在三個孩子都成家立業，各在主所安排的地方，用他們從神得來的才能來服事神，神也賜給我們七個內外孫。我先生和我，我們全家都心滿意足地感謝主！願一切榮耀歸於我們的天父上帝！阿們。

1985 年由美國參議員愛德華．甘迺迪安排訪問國會

1. 台灣基督長老教會以牧師與長老組成三種議會推行一切事工：就是各堂會的「小會」，各區域的「中會」，與全國的「總會」。小會為本宗教會體制上治理教會最基礎的代議單位，由牧師和長老組成，牧師為小會議長是中會所指派的代表，長老則由會員選出，兩者共同組成小會，體現本宗中會中心，及長老治會之體制精神。參見《台灣基督長老教會 2023 教會法規》。

2. 高俊明牧師這首獄中詩，大意是「荊棘被火燒，但沒被燒燬，仍然在豎立，仍然在成長。焰火一過去，它就又發芽。春天一來臨，它就再開花。」台語文參閱台灣基督長老教會二〇〇九年版《聖詩》第六〇四首。

〈莿帕互火燒〉

莿帕互火燒，燒到真厲害；總是無燒去，猶原咧徛在。

莿帕互火燒，總是無燒去；信徒受苦楚，猶久無餒志。

莿帕互火燒，總是無燒去；教會受迫害，反轉愈興起。

咱著愛勇敢，為主來精進，苦難若愈大，咱著愈堅信。

副歌：炎火一下過，𪜶就閣發芽，春天一下到，𪜶就閣開花。

3. 參閱台灣基督長老教會二〇〇九年版《聖詩》第三首。

4. 據台灣教會公報三〇四五期報導，二〇一〇年六月分 WCRC 開總會時，盧悅文被選為五位副主席中的一位，WCRC 大會也通過支持台灣加入聯合國及世界衛生組織。

Merry Christmas & a Blessed New Year
Dear Friends,
親愛的朋友
May your lives be filled with the abundant love of Jesus Christ.
願基督耶穌豐盛的慈愛
帶給您平安喜樂的人生
with love,
the Kao family
高家一同敬賀
Dec. 2008
"Glory to God in the highest, And on earth peace among men in whom he is well pleased" Luke 2:14

高李麗珍牧師娘與高俊明牧師全家的信仰傳承

11

使命的傳承

慕源出國讀書避風險

慕源退伍後再讀一年的神學院，剛好我有機會出國就帶他出去。他爸爸在獄中，他留在台灣會比較危險。帶他出去後，讓他在那裡讀書深造。因為他沒有大學畢業不能讀 garduate school（研究所），所以從 undergraduate school（大學部）開始。他在讀書方面所受的苦特別多，遇到很多的困難，從像樂園的鯉魚潭來到台北的壓力，到了美國還有語言上的壓力。Graduate school 比較好唸，若讀 undergraduate school，包括美國的歷史、地理等，每一科都要讀。本來打算住阿姨家，但有親戚說不可以，住阿姨家都說台語，英語不會進步。所以去愛荷華 Central College 讀，是教會的學校。那裡有一位國會議員 Mr. Jim Rich，他的助理是來台宣教師的女兒 Miss Swanson，這位助理告訴他台灣的事情，特別是高牧師的事。所以慕源去那個州，Mr. Jim Rich 很高興能幫忙他，幫他改成學生的身分在 Central College 讀書。我赴會的第一站是一個大型婦女聚會，之後去一個比較小的地方 Stony Point，那個地方剛好有青年的聚會，我就帶慕源一起去，他參加青年的聚會，我參加婦女的。他說，那時不會英文，要查字典跟人家說話，那是初步訓練。我出國前，賴俊明牧師已安排我的行程，Stony Point 之後，我去國會，然後去加拿大歸正教會聯盟的總會。沒有人帶慕源去學校，他姨丈幫他買機票，剛好和一個在日本長大的台灣青年，一個說日文、一個說台語，兩個都不會英文，查字典說英文，一起坐飛機去 Central College 註冊，在那裡讀書。後來，我找機會去看他。他實在很孤單！學校放假，他就坐巴士去紐約姨丈那邊受照顧。還好學校老師都對他很好，他在那裡讀音樂和美術。他會拉鋸琴，沒有人教他，他爸爸以前曾經拉過，他看爸爸怎樣拉，他就模仿。所以，在學校畫圖時，放他拉鋸琴的錄音帶，老師說：「這一門我們這裡沒有，多讀一年，你可得美術和音樂的學位。」一般是四年，他多讀一年。

去英國巡迴演出

老師曾經帶他們去英國演唱，他也去。我就很高興說：「你有機會與學校的合唱團出去演唱，但你要注意你的簽證。」慘了！他出去的時候學生簽證被拿走了，不能回來了。他姨丈通知我說：「慘了！慕源可以出去，不能回來了。怎麼辦？」我急得趕快打電話給英國蘭醫生，跟他說他們的行程，一個禮拜後老師會帶他們回美國，但是慕源還要重辦簽證，我拜託蘭醫生帶慕源去他們那邊，等拿到美國的簽證後，才回美國。蘭醫生很親切地照他的行程表去看他到了哪裡，到了最後一站才去接他到家裡住。多住一個禮拜，蘭醫生帶他去看很多博物館、美術館，他也畫一張圖給蘭醫生。同時，美國這邊就拜託 Mr. Jim Rich 趕快替他辦。上帝有很奇妙的安排！他音樂老師的太太是荷蘭人，但她未曾去過荷蘭，是在美國出生的荷蘭人，她先生利用學生演唱結束後，帶他太太去荷蘭玩。剛好同一天、同一班機，他們回美國。要入境時，慕源就對海關人員說：「我是 Central College 的學生，我去演唱，我的簽證被拿走了，但有重辦。」海關人員說：「你要如何證明？」他那時也沒有想到要帶學校的證明去，還好他的老師排在他後面，就跟海關人員說：「我可以證明他是我的學生，我帶出去的。他就是我的學生，他是台灣來的……」說完。海關人員就讓他進去了。

一路上有主同行

所以，慕源自己體會到，在大困難的時候都有主在照顧他！他平安讀到畢業。他們有畢業展覽，他說，只有他的展覽同時有音樂可以聽，他放他拉鋸琴的錄音帶給人家聽。老師們都很疼他。畢業後，他在紐約再讀技術學院。他本來要專攻音樂，阿姨說：「你若要專攻音樂，除非變成很出名的音樂家，不然要靠音樂生活比較困難。」所以音樂是他的次要科目，他專攻電腦美術設計。他在 UCLA 大學註冊，修電腦美術設計、動畫等科目，後來回台灣結婚，現在在「國際真愛家庭協會」（原愛家協會）做電腦美術設計的工作。他有經過很多困難，體會到不管是在軍中被關禁閉還是出國都很孤單、很困難，主一步一步地引導他、保守他。感謝主！

居家學程

慕源覺得他的年幼時代，父母給他的時間不夠，因此他當爸爸後，對孩子很用心，盡量撥時間給他們，雖然他很忙。他們現在用「居家學程」（home-schooling），孩子自己教。他們這個居家學程有一個團體，常常聚會、互相勉勵。前幾天他也去參加全國的聚會，他們用聖經作基礎分享。我覺得，居家學程的孩子，雖然沒有像別人家去學校讀書，但他們時刻都在學習，他們有訂時間教課。坐車的時候，都在聽英文文法或關於文法變化的錄音帶，或是發音錄音帶。什麼音樂都聽，所以台語的音樂也會、北京話的音樂、英文的也都會。在學習過程中，可以用信仰、聖經當基礎來教他們。我覺得孩子變很乖！他們不會說：「我在讀書，家裡的事都不管。」一家事他們也都會幫忙，特別他們的外公、外婆和他們住一起，都會幫他們分配工作。老大會做，小的還小不會做。老大晚上要倒垃圾，白天也要摺衣服，兩三歲的妹妹跟他學摺衣服，摺得很好。在居家學程中，生活和教育、生活和信仰都有連結，哥哥會教弟弟妹妹。

有一次在親戚孫子的生日會，吃飽後，大家都跑到樓上玩。老大 Joseph 看妹妹在娃娃車上睡覺，就拿一個拍的東西「啪！啪！啪！」這家女主人（他叫姨婆）就跟他說：「JoJo！妹妹在睡覺，不要吵她。」他說：「不是啦！我在替她趕蒼蠅。」他沒有拍到妹妹身體，是看到蒼蠅來，就「啪」一下。這個姨婆就覺得這個孩子很乖，才幾歲而已。（五歲還是六歲吧！）人家小孩子都去玩，他在那裡顧妹妹，妹妹在睡覺，他在趕蒼蠅，說：「我會顧妹妹。」一會讓人覺得這種教育很成功。他們常常有家庭聚會，常常會討論事情。我覺得，慕源自己缺乏父母的愛，之後他自己對他的兒女就知道要怎樣來用心，不要重覆錯誤——就是我們從前對他們疏忽的那種錯誤。

黎理跟錦昌結婚

音樂系畢業後，黎理有一陣子說想要唸神學系。那時，他已跟錦昌交往。有一次在南神宿舍急著接電話，剛從浴室出來，拖鞋滑，就從樓梯跌下來，撞到脊椎受傷，受傷不輕，所以她沒有繼續讀神學系，她很難過，也沒出國深造。沒有多久高牧師出獄後，她就跟錦昌結婚。結婚後，他們受派到東里，在東部東里的鄉下牧會，之後再到光復的大安教會。錦昌很愛唸書，所以讀完政大哲學系後，就讀台灣神學院的道學碩士班、輔大的哲學系研究所，讀到輔大先結束、神學院還沒有完成，就要去當兵。當兵之前他在台神讀，當兵之後就到南神讀，結婚後繼續在南神讀，畢業才去牧會。在大安教會時，輔大的教授很疼愛他，希望他可以研究比較多學問。輔大有宗教研究所，就叫他去讀，他也去，所以碩士學位就拿好幾個。後來他到東寧教會牧會，他的論文沒有辦法交，因為沒有時間寫。東寧教會說要讓他休息一年去美國留學、還是寫論文，他說只有一年他無法去美國留學，辭了東寧教會，專心寫論文。後來，他重找工作，就到南神，起先在圖書館，後來在南神教書。他以前很愛讀書、看書，現在好像對寫論文、拿博士學位，沒有很注重。他很熱心教學生，比較注重靈命更新的方面，輔導學生的靈性和事奉。感謝主！

家庭宗教教育

阿理身體不是很好。不過，她除了在德光教會教聖歌隊之外，學生若有事情、會友有心靈上的問題，都會找她，她就跟他們一起禱告。她對自己的小孩，也是很注重靈性，規定九點之後就不接電話，帶孩子四個人讀聖經、做家庭禮拜、分享、禱告。他們的小孩就從小接受家庭宗教教育，可以說每晚都這樣做。這兩個孫子在生活中，很愛與人分享。常常有人會去他們家吃飯，人家送東西給他們，她就叫孩子拿去分給大家說：「太多我們吃不完、用不完，我們分給其他人。」他們就可以體會到：「一直分給別人，人家又一直給我們。」體會到分享的喜樂——上帝是如何不斷地給我們，讓我們一直可以分給大家。孩子從小就體會到，信仰生活怎樣在生活中實踐。最近的復活節，他們去找牧師說要堅信禮，一個六年級、一個國二，兩人也去問他們媽媽可不可以。媽媽想說人家會想說是我們逼你們的，他們說：「不是的，媽媽！你不是說，你讀國小時就和阿舅、阿姨三個人一起去找牧師說要洗禮？我們也想這樣做。」媽媽就跟弟弟說：「人家會友不知道，會不會說是媽媽逼你們的。」他說：「沒有啊！是我自己要的，是我自己說要跟哥哥一起接受堅信禮的。」所以，他們兩個在學道班完成課程之後，復活節一起接受堅信禮。

黎香冒險成性

阿香是很有膽量、很敢冒險的女孩子。我之前有說，她小時候就自己搭公車，自己看要到哪一站，她都有在記那裡的大目標、是什麼站。她很喜歡去旅行，她出國去了很多地方，訪問一些宣教師，例如蘭醫生，或其他的住宿家庭，都有人幫忙她。

有一次，她利用學校的假期和簡牧師相約去以色列旅行，出發前竟然忘了帶機票。她在蘭醫生家等，請同學幫她帶機票。後來，她自己坐飛機到耶路撒冷已是三更半夜，她搭計程車，司機竟然在機場外面放她鴿子。她獨自在那裡，不知所措時，幸好一位巡邏的警員看到她，才把她送回機場，另外叫計程車送她到目的地。那時簡牧師已在旅館外面等著她。她一路懇求上帝保守她，感謝主，讓她平安到達。她有機會去耶路撒冷。我還沒有去過，我們家族還沒有人去過耶路撒冷，只有她有機會去。

英國 Selly Oak College 結業後，她就去美國，我們也剛好去美國，所以我們去夏威夷，她也跟著我們去夏威夷。然後，她有機會去維吉尼亞的宗教教育研究所，繼續在那裡受造就，在那裡也有從台灣去的游正民醫師夫婦很照顧她。在美國她也是一樣，去這裡、去哪裡，自己到處跑，很有膽量。

黎香與明雄結連理

她出國三年，所以婚姻也是比較慢。在美國人家要幫她介紹，她不要，她要回台灣。回台灣之後，可能也是牧家的關係，她說：「我的爸爸是牧師，我也要嫁牧師。」雖然有人家要介紹醫生、企業家，她都沒有意願，後來選擇原住民的傳道人，她甘願去原住民部落傳福音。這是我們一個很大的考驗，也是她的考驗。阿理比她先結婚，她就說：「姐姐你要考慮喔！你會習慣去這樣的家庭，跟人家打成一片，成為他們的一分子嗎？」她就很有自信地說她會！我們是很擔心，跟她說：「你年紀比較大，學歷也比較高，各方面條件都比較好時，你喜歡在這樣的地方嗎？你可能要一面牧會，還要一面務農。」他們種釋迦，就要跟著他們這樣的步調。讓她考慮兩年後，她說沒問題，所以就結婚。他們看起來很投入在村莊、教會，他們的生活就跟原住民很像，都在排灣族部落裡，跟他們一起生活。我們很感謝上帝！雖然她喜歡四處走動，但現在甘願在新香蘭，在原住民那裡生活。她也很感謝說：「有機會才再出去，不然就在這裡打拚。」很感謝主！

回原鄉建造教會

阿香回國後，起初在玉山神學院教書，婚後去淡水，在淡江中學教書，讓明雄去輔大神學院教義系再深造，拿碩士後再回去牧會。剛開始在「溫泉教會」牧會參與建堂，建堂快好、還沒獻堂就回到「新香蘭」，這是他父親的教會、他的故鄉、他的母會，他們也在建堂，比「溫泉」更早蓋。但是這邊的教會不是靠募款，他們起初很有心，會友三、四十位自己出錢。他們先做工賺錢、買材料，有材料後，暫停在外工作，大家來做土水工程，他們都會。本來是明雄的爸爸（就是親家）自己設計、自己主導來建造，但是有一天他爸爸去買材料時，在路上被一個軍官開車撞倒，就過世了。

後來換他的舅舅（長老）主導，大家一起把教堂蓋起來。裡面的裝潢就不行了，他們要申請募款，請人家來做。他們蓋很久，已經可以做禮拜，但裝潢還是沒有完成。若裝潢好了，就可以獻堂。不過，明雄一直沒封牧，都是當傳道，一直到前一、兩年封牧。封牧之後，就當中會議長。剛開始是區會，現在成立中會，就選上中會議長。他在中會也很努力，計畫要有宣教中心，推動宣教事工。今年他們有一個宣教大會，在各區開始有禱告會，之後宣教大會請高牧師去，把七區的教會聚在一起舉行禮拜，他們盼望在自己的母會、中會、社區中盡一份心力。另外，明雄在小學、東華大學教母語，阿香一個禮拜一次到玉神教書，事奉也相當地忙碌。我們為他們禱告說：「不要只是忙碌卻不知道在做什麼，實在是要為了傳福音、救靈魂。」兩年後，阿香開始在長老教會總會的原住民社區發展中心當主任。

視如己出般地疼愛

阿香有一個女兒。他小叔比他們早結婚，有一個女兒留在新香蘭；小叔、小嬸去宜蘭工作，再生了兩個，留在家鄉的女兒都是阿香在帶。她說：「我帶一個、兩個都一樣，反而是兩個比較有伴。」兩個孩子都按時去讀書、去學琴，在他們的生活中，兩個都一起。她有那個胸襟說：「小叔的孩子，我也是這樣照顧、疼惜，好像疼惜自己的女兒一樣地疼惜。」她若要來台北，兩個都帶來；若要出國，也想要一起帶出去。那個孩子以前都叫明雄伯伯、叫阿香伯母，但現在都叫爸爸、媽媽。我覺得，會去疼一個不是自己親生的孩子，視如己出般地疼愛，這是難能可貴的事。我盼望她這種的心志可以持續，讓那個小孩知道雖然親生父母沒有把她帶在身邊，仍有爸爸、媽媽這樣疼惜她。我們也是告訴她：「要當成自己的女兒一樣地來教育，不對就要教她，要好好地教育她。不要說客氣，就對她寬鬆；或是說對你的女兒就寬、對她就嚴。不可以，都要一樣地來教育。」所以，他們帶進帶出，都是一起的。現在以珊（小叔的女兒）就讀台東新生國中音樂班，曉恩（自己的女兒）就讀大王國中一年級。

父母的期盼

這些孩子的生活過程還好都有主的引領，享受在主裡面的平安、喜樂。我們也很期待，他們可以在他們的崗位盡本分來做，努力完成他們的使命、他們的工作。

高俊明牧師獻身五十週年感恩禮拜。夫婦二人對教會與社會的負擔和使命，在子孫三代的傳承中結出豐盛的果實，成為台灣的祝福。

12

附錄

晚年生活

感謝神！在我的先生結束總會總幹事的職分後，二〇〇三年我們有機會搬回故鄉台南居住。我們的外甥女、侄兒們常帶許多台南有名的小吃來看我們，慕源偶而會帶我們四處走走，我們很享受與家人相聚和享用台南美食。

剛開始我們還有參加國際事務，擔任社福團體的委員東奔西跑，牧師從總會總幹事退任後擔任松年大學校長，也擔任台南一些教會的松年大學講師。牧師曾中風住院一段時間，那時他很認真復健，身體復原得很快，一年後他又開始打乒乓球。後來因年歲漸長，身體越來越弱，牧師曾裝支架一次，以及一次心臟繞道手術；我也在總會一百五十週年的感恩禮拜中跌倒，膝蓋嚴重受傷，便減少外出。晚年我們需常出入醫院，那時得蒙郭倍宏博士的邀請，住進他的牧師館，得到很好的照顧。那段期間慕源和我們一起住，是我們的照顧者。錦昌從新竹聖經學院退任後，他和阿理一家也搬回台南，他認真寫書，阿理幫助他處理所有書務的事情。阿香全家也常回來看我們。

二〇一八年我們搬到台東新香蘭，住進阿香為我們預備的地方，那時牧師的身體還不錯，可以上下樓梯參觀阿香和明雄的房子，也很會吃。有一次阿香煎好一條魚，還沒煮好其他菜，牧師說看起來很好吃就開動了。有一天他告訴明雄，他的牙齒很痛、吃不下飯，醫師檢查後發現他的牙齒損壞得很嚴重，吃東西時鐵釘會磨牙齦，決定為他做新的假牙，正擔心要怎麼把損壞的牙齒拔下來，沒想到做模型時那些牙齒也一起被拔下來。只是後來新假牙的磨合讓他很不舒服，食慾越來越不好，身體也越來越虛弱。那時我的身體還健朗，阿香上班、我照顧牧師，假日阿香和明雄會帶我們去海邊走走，去成功漁港買魚。有一次阿香去台北開會，明雄和孫子義恩載我們一日遊，一早從新香蘭出發到太魯閣又去玉神，回程還到加蜜山教會拜訪黃牧師，那真是美好的回憶。

年底時，有一天阿香送女兒去機場，回來時發現我跌坐在浴室，趕緊送我去醫院，檢查後醫師說沒怎麼樣，我們就回家了。沒想到之後我連續跌了好幾次，那時我們的房間在一樓，阿香他們在二樓，我喊叫他們聽不到，還好阿香會下來巡房，看到我躺在地上，趕快扶我起來，送到醫院時才知道，第一次跌倒就檢查出我有肌少症，但醫師沒告訴阿香。結果我和牧師都住院了，我的情況比牧師糟，阿香說那時護士問我叫甚麼名字，我竟回答「高黎香」，護士第二次問我回答「高黎理」。那時我得了失智症，阿香一直問我有幾個妹妹、她們在哪等問題，幫我恢復記憶。

二〇一九年因阿香二月要嫁女兒，一月我和牧師都可以出院時，被阿理接到路竹照顧。經過醫療團隊的建議，我們住進了德輝苑，在那裡我們得到很完善的照顧，真的感謝院長和所有工作人員的付出，阿理他們也常常來看我們。牧師住進德輝苑沒幾天，就因發高燒進了新樓醫院，急診醫師送他去加護病房，阿理告訴他，牧師不喜歡加護病房，所以就在普通病房住了兩個禮拜，錦昌、阿理、沐祈、沐比輪流照顧他。我繼續住德輝苑，二月十二日他出院回德輝苑住隔離房，十四日是我們的結婚紀念日，早上阿理全家買他愛吃的點心，與他一起唱詩歌、一起獻上感恩禱告，但他沒胃口吃，就在隔離房休息。下午明雄來看我們時，他已蒙主恩召了。

牧師回天家後我很難過，在德輝苑住了一個多月後，回到路竹與阿理同住。那時我的身體非常不好，常常得到許重勝醫師的幫忙，阿理每天帶我讀經禱告。直到八月底，因為住處漏水需要整修，我於九月再次回到新香蘭阿香那裡。

年初我離開阿香那裡時，是坐救護車到路竹；這次回來我不是坐輪椅，而是自己走進去的，因在路竹時我常去喜樂島運動，這對我的身體有很大的幫助。我在這裡也住了四年多了，很感謝神讓我有機會在這美麗的村落居住，前面不到一百公尺就是太平洋，後面就是山，這裡空氣好、天氣好，人也很好，還有吃不完的水果。我每天都去文健站和村落裡的長者一起運動、學跳舞、畫畫、做手作、種多肉小盆栽，我還串了好多條排灣族的項鍊送給親朋好友，也學刺繡、和長者到處玩。這裡的生活多采多姿，時常有親友來探望我，我很高興。教會就在後面的巷子，走路就到了。現在我走不了那麼遠，都是菲律賓籍的看護推我上教會，她在台灣已經十幾年了，國台語都會講，也幫忙煮晚餐，減輕阿香的負擔，有她的照顧和陪伴我很開心。明雄父母兩邊的家族宗親會或部落裡有什麼活動，阿香都會帶我去。每年教會野外禮拜，大都是阿香開車載我去，今年的母親節我是和教會一起搭遊覽車到台南的奇美博物館野外禮拜。我以前的生活大都是服事，現在是學習。我滿心感謝神，因祂加在我身上的恩典實在豐富。

慕源今年搬回美國居住。阿香在財團法人原鄉部落重建文教基金會工作，照顧村落裡的老人和小孩，明雄在自己的母會新香蘭教會牧會，也致力於族語的教學和推廣。他們兩個女兒也都大學畢業在工作了，Naceku 在海巡署上班，已結婚住在基隆，先生旭濠在貿易公司上班；Abilung 在衛生局擔任營養師。阿香她們有四個孫子，最大的孫子 Tjaikung 已國中了，愷升很會講話還會和 vuvu（「阿公、阿嬤」之意，此指阿公）辯論喔！邦仁較安靜很喜歡唱歌，承恩很有主見凡事自己來，還沒兩歲堅持自己吃飯，不要大人幫忙。曉恩和義恩兩人均在教會服事擔任司琴手。每次他們回來，家裡都熱鬧非凡，也都會和我打招呼聊天。

黎理他們住台南，兒子沐祈今年輔仁大學聖博敏神學院畢業，幾年前他就加入聖公會，需要補修聖公會神學院的學分，所以目前在南部教會一邊實習、一邊補修學分，明年補完學分才會正式受派。沐比目前是南神道學碩／神研三年級的學生，明年也會畢業受派；他的妻子哲馨目前就讀研究所，攻讀特殊教育，盼望將來所學能幫助早療的孩子。錦昌退休後一直在寫書，以及做小小的預科訓練，也幫助會友透過讀經、禱告、靈修與神更親近，並在一些教會中開設靈性造就的課程。黎理則在家協助錦昌整理稿子、編輯以及出版，許多時間安靜地做手工製品。他們全家都希望有一天台灣能有一所基督教隱修院，這也是牧師生前切切地為阿理他們禱告的事。

我還有一件未完成的心願，就是我極力地向我的同學傳福音，不論是中學同學或現在文健站的同學，希望他們能有福分成為神的兒女，求神垂聽我的禱告。阿們。

（二〇二三年記）

日據時代：日本統治下的台灣

中日戰爭（日清戰爭）時，滿清政權戰敗（一八九五年），依據馬關條約，滿清政權把台灣永久割讓給日本。一九四五年日本在第二次世界大戰戰敗後，便放棄對台灣的統治權。日本統治了台灣五十年。

日本統治下的台灣

滿清政權是把台灣永久割讓給日本的，台灣變成了日本的殖民地。得到台灣之後，日本是以永遠擁有台灣的心情來珍惜她、愛護她、建設她。

我出生於一九三二年，一生下來就屬於日本人，從國小時接觸日本人。我覺得他們很親切。我小時候住在台南縣的關仔嶺，就讀關仔嶺國民學校，是鄉下一所小小的學校，全校六個年級只有三個班，一二年級一班、三四年級一班、五六年級一班，分由三位老師來教。因為小班制，師生的關係很親密。記得我六年級時，導師是我們的校長，為了鼓勵我們升學，在第二次世界大戰末期，在常有空襲警報、燈火管制的晚上，校長親自到我家，為我們幾位可能升學的學生免費補習功課，令我們很感激。

對台灣的建設

1. 開發道路、建設鐵路，使交通方便。
2. 建設水庫、疏通河川以便灌溉農田，來興起農業。
3. 建設發電所，以供給家庭及工業用電。
4. 整理戶口、設立戶籍，使社會安定又有秩序。
5. 普及國民教育，消除文盲。
6. 推廣國民禮儀、注重倫理道德、中小學都有修身課程。
7. 推行國語家庭，鼓勵說日語。統治之初，有兩年時間讓台灣人選擇歸化日本與否。
8. 注重環境衛生，部落鄰里定期舉辦大掃除，減少種種的流行病，尤其是瘧疾、天狗熱等疾病。
9. 日本是一法治國家，只要人民安分守己、不犯法，就可安居樂業。

因為台灣是日本的殖民地，在制度上有些差別：

一、差別

a. 學校的制度：日本小孩讀的是「小學校」。台灣人讀的是「國民學校」，原住民讀的是「蕃童教育所」。日本人讀的中等學校是「一中」或「一女」，例如「台北一中」是男生讀的，女生讀的是「台北一女」。二中、二女以下是台灣人讀的學校。但是也有家境比較好的，或是比較聰明的學生也可以考入一中或一女就讀。

b. 大專升學選向的差別：台灣的學生升大專時大概都選修醫科、商科、工科、理科、農科、師範科、音樂、藝術、體育等科系，極少學生讀政治系、法律系或軍校。

c. 極少台灣人能升遷到學校或機構的一級首長，但是也有例外。比如前國策顧問楊基銓[1]先生，他自小就很聰明，中學讀台中一中、大學就讀日本東京帝國大學，大學時就考上高考，並以優異成績畢業。後被台灣總督府派回台灣，當台北州宜蘭郡的郡守，當時他還未婚，是未滿二十四歲的青年，是個了不起的人。

二、思想管制

為了預防台灣人造反，便反對台灣人組織文化協會等組織。

三、宗教迫害

a.第二次世界大戰時期，日本政府在學校、教會等地方都強迫學生或信徒信日本「神道」，家家戶戶設置「神棚」拜「天照大神」。在學校的朝會、教會的禮拜之前，必向東京「宮城」遙拜，是拜天皇之意。

b.第二次世界大戰末期，有一些教會的牧師或長老被捕，被詢問「『天皇』比較大，還是你們的『耶穌』比較大？」用此問題來定基督徒的罪。我自己的經驗，在第二次世界大戰的末期，生父許水露牧師在高雄旗後教會牧會，他在教會界相當活躍，他在高雄中會當議長，常常和宣教師們一起舉辦佈道會、慈善音樂會等。旗後靠近海邊，每個晚上都有一、兩位警員來教會的庭院巡視。有天晚上，有人來敲門，父親下樓開門就被帶走了，母親到處去找都找不到他。隔天派出所派警員來搜查並說：「你丈夫已經以間諜的嫌疑被逮捕。」「被捕時，你丈夫承認你們家有照相機、望遠鏡和無線電，要快交出來，他才會被釋放。」母親說：「我們從來沒有看過這些東西，若是他說有，請他自己回來拿。」警員們怎麼查都找不到，也沒有說父親被關在哪裡就走了。母親每天帶著妹妹到處去找，問派出所的警員都問不出父親的下落。教會長執們都不敢來探訪，只有幾位姐妹來陪母親禱告，教會的禮拜、教主日學，都由母親一人包辦。當時高雄市晚上開始有空襲警報，警員一直來逼母親帶孩子們離開，因為高雄常常被轟炸，實在太危險了。後來在台南讀中學的哥哥姐姐回來催母親，大家才離開去嘉義祖母家。經過五、六個月的時間，當局因為查不出證據，就釋放父親回家了。之後也沒有做什麼追蹤就終戰了。

四、感想

雖然起初發生過摩擦，但是一般來說日本人是比較講道理的。日本人與台灣人之間相處比較隨和，與原住民之間則曾經是敵對的關係，也發生過霧社事件等，但其中也有一些感人的故事。

1.日本青年井上伊之助先生愛敵人的故事

井上伊之助先生的父親是一位企業家，日本統治台灣初期在台灣從事樟腦事業。有一次台灣的原住民與日本的企業家之間發生誤解，台灣的原住民把井上伊之助先生的父親連同二十四位日本企業家殺死在太魯閣的深山裡。在日本關東參加聖經研究的井上伊之助，忽然接到十五歲的弟弟用紅筆寫父親在台灣被殺死的明信片時，心中悲痛不已。在最需要父親的青少年時期，忽然收到父親在台灣被殺死的壞消息，作為基督徒的他，實在不知道如何是好，他獨自一人安靜又迫切地禱告時，聽到主耶穌對他說「你要愛敵人」這句話，後來他就到一私立醫院學習簡單的家庭醫學。

他在一九一一年到台灣，而且到中部的山地部落從事衛生方面的工作。當時政府嚴禁向原住民傳福音，他只好默默地以日常生活實踐耶穌捨身救人的福音，透過以愛報怨的行為來感動他們。

第二次世界大戰終戰後，一九四七年他被遣送回日本。三十六年之久，井上伊之助先生用愛心來服侍台灣的原住民，並默默地向他們傳福音，但當時並看不出有什麼效果。

終戰後向原住民傳福音的門大開，台灣平地的傳道人和從英國、美國、德國、日本等外國來的宣教師們繼續到山上傳福音。很多原住民熱心接受福音。後來有「二十世紀的奇蹟」之稱的原住民信徒，大增到三十多萬人，佔原住民人口的百分之六十以上。一九六〇年代外子高俊明牧師到日本進修時，有機會去拜訪井上伊之助先生，他那時已經九十多歲，因年紀老邁又百病纏身，躺臥在病床上，他聽到外子說現在原住民有百分之六十的人口歸主並很熱心地服事主，感動到流淚，並謙卑地說：「神沒有用我作福音的種子，而是作使福音種子生長的肥料。」外子說，他聽到這位實踐「愛敵人」的偉大基督徒所說的話，深受感動。

2. 明石元二郎總督的故事

日本統治五十年當中，第十四位總督明石元二郎先生，在台只有一年四個月之久。在沒有汽機車交通不方便的情況下，他步行翻山越嶺，巡了台灣五次之多。他讓八田與一技師開闢了嘉南大圳，灌溉嘉南平原以興起農業。

他建設了日月潭水力發電所，供給家庭及工業用電；並建設了中部海岸縱貫鐵路，便利交通。他積勞成疾，回國述職時，不幸在九州病死。他死前交代，盼望能葬身台灣。依照他的遺言，當時的政府把他的遺體運來台灣安葬。但是時間已久，墳墓被遷移，經過許多的曲折，三年前終於由愛主、愛台灣的楊基銓先生與劉秀華夫人把他安葬在風景優美的福音園基督教墓地。每年都有明石元二郎總督的親戚朋友及愛慕他的台灣朋友去掃墓獻花，在墓前思念他對台灣的愛與貢獻。

---

1. 楊基銓：改姓名為小柳基銓，一九四〇年三月東京帝大經濟學部畢業，在學中於一九三九年十月通過高等考試行政科，後任台灣統督府屬在財務局財務課工作，一九四一年六月任台北州宜蘭郡守，一九四二年任總督府殖產局鑛務課事務官。（《台灣人士鑑》，一九四三年，頁一三三。）

我的五位母親

序

我認為我是世界上最幸福的人，因為有很多人從小失去母愛，有的甚至從小因為父母被騙，被賣去火坑當妓女，受苦一輩子。我實在很感恩，我有五位母親在人生各個階段陪伴我、保護我、教導我。我很思念我這五位母親，她們對我實在很寶貴，我藉此機會和大家分享我這五位母親的為人。

第一位母親：

我的生母，許陳金杏女士（1912-1996），享年八十五歲。她是許水露牧師娘。

她三歲失去母親，六歲失去父親。雖然是醫生的孩子，但因為早失雙親，幼時很辛苦。她由大她十一歲的大姐帶大，大姐代理母親，很嚴格地用信仰帶她和其他手足長大，每天要讀聖經、背經節、禱告，每逢禮拜天都要一起去做禮拜，下午回程時姐姐還會問她們：「今天牧師講什麼道理？」如此來培養他們的信仰生活。大姐結婚後帶她一起住，她讀長榮女中畢業後就和許水露牧師結婚，婚後她也用大姨的方法教導我們姐妹。她是一位熱心愛主的牧師娘，很愛作見證領人歸主。她是一位禱告的母親。

她的一生中遇到兩大災難：

第一個災難是第二次世界大戰末期，丈夫在高雄旗後教會牧會時被日本刑事以「間諜」的嫌疑被捕下監。戰爭、空襲、天天有警報，很危險時，獨自一人帶兩三個小孩，代夫牧養教會，週間白天又要到處打聽丈夫的下落。她都靠禱告，禁食禱告，靠主到底。爸爸被關約五六個月，終戰前，因查無證據才放他回來。

生母許陳金杏女士八十歲於美國加州慧滿家，仍保持每天寫日記的習慣

第二個災難是戰後一九四七年二二八事件時，在高雄失去乖巧的長子許宗哲。哥哥當時高雄中學高一，被國軍槍殺死亡，遺體被丟在愛河邊。不只是我家失去一個兒子，媽媽的二姐、三姐都各失去一個寶貝兒子。隔年我大姐又因腹膜炎而逝世。母親這幾年經過重重的試煉，她都沒有怨言，只有獨自讀聖經、唱詩歌、禱告中得到安慰。

母親的晚年比較享福，有一位女兒在日本，六位女兒在美加，她被接到女兒家，到處訪問親人、遊覽，過著感恩的生活。她一生最後十年每日讀聖經、禱告、靈修、寫日記，她每年寫一本日記，共留下了十本日記。裡面大部分用台語羅馬字寫，但也有小部分用英文、日文等記，整理她的日記是我的功課。她無論到何處都不忘記為主作見證，領人歸主。她臨終的一週前，還在夢中旅遊台灣各地（她住過的地方）傳道呢！她實在是一位信仰的模範母親。

第二位母親：

我的第一位養母，李陳金梅女士（大姨），李識情傳道娘。

她是我生母的大姐，剛去讀長榮女校時忽然接到父親逝世的消息，不得已後母要回娘家等改嫁，所以她犧牲學業，代父母理家照顧弟妹。

1949 年 8 月於關仔嶺教會的大姨金梅（右一）、袁姑娘與靜娟（左一）

她與李識情傳道師結婚。婚後帶么妹（我的母親）同住，等么妹成人後，從她家出嫁。她一生沒有生育，我出生後，生母生病，我也生病，我先康復，母親還在醫院，大姨抱我去照顧，之後她們要求要領養我。我在家是老三，生父不答應，他說無論孩子多少個都是自己的骨肉，不能給人。後來經生母勸說：「我大姐把我帶大，我們欠大姐、大姐夫很多恩情，我們把麗珍送給她們，她們一定會疼愛她的。」經生母一番勸導，生父才答應。果然不錯，大姨和大姨丈（養父母）都很疼我，視如己出。我與大姨共住約十數年，她就過世了。使我最感動、最感恩的是，我國小快要畢業的時候，因為鄉下的傳道人生活不富裕，有一位教會的長老娘從都會回來，告訴養父母說，她要介紹我去新竹某位法官家做幫佣，他們也是教會的人。但養母聽了這話之後馬上回答說：「這個孩子我要獻給主，我要讓她去讀書。」我雖然還小，但是我很感動，我知道我們的家境不是很好，從那兒來的錢讓我讀書呢？但是養母說到做到，她幫養父牧會之外，開始養豬，是為了要讓我繼續讀書。養母說：「這個孩子我要獻給主，我要讓她去讀書。」這句話永遠銘記在我心裡，若不是有她這句話，就沒有今日的我了。我有今日的成就，養母的付出實在很大。我終身感謝她。

第三位母親：

我的第二位養母，李陳金絨女士（1906-1995），虛歲九十歲。

她後來也成為李識情先生娘。

三姨日據時代與江進榮先生結婚。生了一位男孩雲華之後先生就逝世。她獨自把這個孩子扶養到就讀高雄高工二年級，不幸的是，一九四七年二二八事件發生時，他也被國軍殺死。我初中三年級時，養母（大姨）生病不久就逝世，經祖母的請求，三姨就和養父再婚了，所以三姨變成我的第二位養母。三姨本來是助產士兼護士，婚後來到無醫之地的關仔嶺教會之後，她不但成為養父的好助手，幫助他牧會，也變成了赤腳醫生，無論生產、生病都會來找她。她很辛苦，但是動作很輕快，若有人要生產，三更半夜、深山窮谷她都會去幫助。她和藹可親，成了關仔嶺村內的寶貝。

她照顧阿嬤及養父，養父過世後，她同意我再去日本幫助袁姑娘傳福音。不過她也很關心我的婚事，自己照顧阿嬤。

養母李陳金絨女士八十五歲於台北瑞安街

我回來結婚之後就搬到花蓮，先住慶豐（玉山神學院暫時借用慶豐教會），到開拓、建設校舍後，才搬去鯉魚潭。那時我已經有三個孩子，養母來與我們住在一起，她幫我很多，因為當時學校經費不足，我必須幫忙教一些課。

我們搬到台北之後，她也來和我們住。我們一家四代同堂有三位長輩——阿嬤（孩子們的外曾祖母）、婆婆（孩子們的內嬤）、養母（孩子們的外嬤），有三個小朋友，一家八口，實在很熱鬧。阿嬤和婆婆過世後，養母還是跟我們一起住。年老之後她很獨立，有時我們出去一下，她自己唱詩、讀聖經、看電視，她很喜歡玩西洋棋，我們沒時間陪伴她時，她自己玩三人分，很有趣。她每天無憂無慮，凡事都感謝主。她年輕時也吃了很多苦，但年老了一點事都沒埋怨，凡事都是感謝主！她意志力強，求生力也很強。

最後一兩年，她沒有什麼食慾，問她那裡不舒服，她都說沒有。一九九五年二月底，我們看她一直消瘦，請朋友開車載她去馬偕醫院做檢查，那晚半夜一直內出血，輸血都不夠就昏迷，到第二天下午三點醫生說穩定一點，開刀看看，才知道她患胃癌，胃已破一個洞，癌細胞侵蝕到胰臟，血管破才一直出血。她年紀已大，無法幫她做手術，暫時給她止血以外沒有其他辦法，她昏迷了大約三天，脈搏漸漸慢下來，三月一日的清晨在我們一家及雅珍夫婦目送之下，很平安地被上帝接回天家了，很安詳地、靜靜地回去了。

第四位母親：
信仰之母，袁姑娘（Miss Kirsten Hagen），二〇〇八年八十八歲。

1. 出身：一九二〇年出生於挪威富裕家庭的獨生女，父親是建築師，父母是信義會的基督徒。她少女時代自己到自由基督教會受洗，成為熱心的基督徒。
2. 二十歲時獻身作宣教師，受訓練裝備後就到中國大陸，前往北京學北京話。
3. 中國大陸被中共占領之後，自由基督教宣教團（從北歐派來的）遷移到台灣來，分散到各地。袁姑娘和何先生一家人搬到彰化，當時恰巧家父許水露牧師在彰化教會牧會。何、袁兩位宣教師就和家父商量，禮拜六禮拜堂借給他們做國語禮拜，因此何先生一家和袁姑娘就變成我們的好朋友。
4. 一九四九年他們教團決定去日本宣教時，袁姑娘就問家父、家母可否准許她帶三妹麗娟和我到日本讀書，在日的生活費一切由她出，學校的學費由許家和李家出。許家、李家父母都認為這是我倆出國留學的好機會，不過學校休課時間，尤其是禮拜六、日我們必須幫她做教會事工，我們都很高興有這個機會服事神。我負責翻譯的事工，我倆一起做主日學事工，其他還要幫忙青少年等工作。一九四九年袁姑娘先到愛知縣尾張瀨戶找工作地點、住宿地方，也幫我倆接洽好金城學院在名古屋的高中部，可讓我讀高二、三妹讀高一。

5. 一九五〇年春天，三妹麗娟與我平安到達日本名古屋。經形式上的轉學考試後，我倆得許可入學。我們和袁姑娘住瀨戶（尾張瀨戶），禮拜一到禮拜五坐電車通學到名古屋金城高中讀書，禮拜六開始野外主日學路邊傳道。

6. 瀨戶撒冷教會的成立：尾張瀨戶是陶器的出產地，有很多陶器工廠，也有窯業職業學校。我們大部分向學生及工人傳福音；袁姑娘教英文，對象是高中生；我是針對小朋友（幼稚園程度），透過查經班、佈道會教英文，其他教會的宣教師、牧師、信徒來幫忙。開拓教會實在不容易，經過一兩年教會才漸漸形成。

7. 袁姑娘的宣教精神、奉獻精神：她很謙卑、和藹可親，兒童、青年人、老年人，她都很容易親近，在工廠工作的勞工們也很容易與她親近。起先教會沒有什麼經費，她便變賣她父親留給她的財產，把現金拿來建禮拜堂、宿舍等。她把自己的青春完全奉獻給瀨戶的鄉親，用耶穌基督的愛來愛他們，教導他們，五十年如一日默默地委身在這裡，退休時得到瀨戶市榮譽市民獎。

其他的故事：

有一個禮拜天晚上聚會後，因為加班而無法來做禮拜的櫻井弟兄，忽然愁眉苦臉地出現，哀求大家替他禱告。他辛辛苦苦工作賺錢買的房子，兩年前哥哥因結核病住院無法租房子，他將一半的房子免費給嫂嫂住，現在哥哥出院了，叫他搬出去、房子他們要住，他哭著說：「我該怎麼辦？」大家為他禱告之後，袁姑娘告訴他，「你哥哥有需要，你讓給他。」他說：「那我怎麼辦？」她說：「你搬到我家，我家還有一間日本房，你可住那間。」從

2006 年 9 月八十八歲的袁姑娘在看聖經

那天晚上開始，櫻井弟兄就來住袁姑娘家，跟我們一起生活，兩、三年之久，直到他有能力再買房子。她實踐她所講的道理，這一種無私之愛感動了很多人。她晚年時身體雖已衰弱，仍自己住在老人公寓，自立的精神令人佩服。

第五位母親：
我的婆婆，高侯青蓮女士（1890~1975），享年八十五歲。

她是十三個兒女的母親、醫生娘、教會的長老、主日學的校長、長榮女中校友會會長、長榮女中的董事長等等。對內是很好的家庭主婦，白天陪伴先生去醫院，先生忙於看患者，她做協談和家屬聊天，了解患者的家庭狀況，若看出患者家庭經濟很困難，就告訴藥局生將醫藥費裝入藥袋還給患者，她也趁機傳福音。對外她當過台南市婦女會會長，當時提倡婦女人權，基於人權主張廢娼運動，因為被性工作者們認為這樣做是斷了他們的財路，差一點就被毆打，經過一番協商之後才了事。她在醫院裡看先生的印章放著讓管理者隨便用，看了很不習慣，向先生要求由她管理，醫院收支才漸漸平衡。她很會管理經濟，應該支出的就支出，不會亂花錢，收入比較好時，她看有好土地就買。他們不只要養自己的大家庭，大伯、二伯都是牧師，傳道人的經濟比較差，大部分由她一家幫忙供給，侄子、侄女們的教育費也由她們一家負擔，甚至供他們到國外讀書，前台大醫學院院長高天成先生是她們栽培的。我們的媒人錦花姐曾對我說過是三叔三嬸送她去日本學音樂的，在台灣她的鋼琴教得很好。是台灣第一位留日學鋼琴的。

高俟青蓮女士年老時

婆婆好像箴言三十一章10節所談的才德婦人一樣，她一開口都講智慧的話，她很會賑濟貧困人，但若是身體健康、四肢發達的年輕人，她會勸他去學一技之長來自力更生，不要步步都靠人。曾經有一四肢健全的年輕人常來乞討，有一次經她好言相勸，這年輕人覺得很不好意思，後來去學料理，學成辦一桌好菜請她吃，向她致謝。她開口就說智慧話，來造就很多年輕人。

結論

我這五位母親都有她們各自的特點與美德，我真盼望我能效法她們的美德，在我的生活中造福周圍的人，來榮神益人。

在台灣的苦難中見證恩典，
在受難的歷史中傳承使命

高李麗珍年表暨相關歷史事件發生時間

謝大立二〇〇五年7月15日製表／二〇二四年5月20日修訂

年分	內容
1932	◎8月19日出生高雄旗後。
1947	◎3月6日發生二二八事件，大哥許宗哲及表兄江雲華、楊榮洲三人同時罹難。
1948	◎省立高雄女中初中部肄業轉學省立彰化女中初中部。
1949	◎省立彰化女中初中部畢業，成績優異直升高中部。
1950	◎省立彰化女中高中部一年級轉學至日本名古屋金城學院高中部。
1953	◎3月11日日本名古屋金城學院高中部畢業。
1955	◎3月17日金城學院短期大學外文系畢業。
1951—1957	◎於日本留學期間及畢業後兩年在名古屋近郊愛知縣瀨戶市幫助挪威籍女宣教師袁姑娘開拓傳道，尤其協助翻譯和主日學事工。
1957	◎自日返回台灣。
1957	◎高俊明牧師擔任玉山聖經書院（玉山神學院的前身）院長，共十三年（1957.9-1970.8）

1958 ◎2月14日與高俊明結婚；婚後隨夫到花蓮玉山神學院協助教學工作。

1959 ◎5月8日長子高慕源出生。

1961 ◎7月6日長女高黎香出生。

1963 ◎3月2日次女高黎理出生。

1970
◎搬到台北在家奉養婆婆、娘家祖母及養母，照料小孩及家事。
◎參與 Taipei Christian Women's Club 及查經班。
◎參與勵友中心義工的事奉。
◎7月27日高俊明被選為長老教會第十七屆總會議長。
◎8月18日高俊明擔任長老教會總會總幹事。（-1989.4.30）

1971
◎長老教會因退出 WCC 一案，發表聲明闡明教會的信仰立場。
◎10月25日台灣退出聯合國。
◎12月29日長老教會發表〈對國是的聲明與建議〉，主張國會全面改選。

1973 ◎高俊明牧師榮獲加拿大 Mc Gill 大學與長老教會神學院的聯合榮譽神學博士學位（Doctor of Divinity），在台北濟南教會授證，見八十六頁相片。

1975 ◎11月18日長老教會發表〈我們的呼籲〉，爭取信仰自由、社會公義與人權。

1977 ◎8月16日長老教會發表〈人權宣言〉，主張建立台灣為「新而獨立的國家」。

1980 ◎2月28日林宅血案發生，林義雄律師的母親及雙胞胎女兒被殺害。

1980 ◎4月24日夫婿在自宅被捕，關進新店軍法看守所。這四年多期間開始關心政治受難者及家屬，參與禁食祈禱會，至海外許多地方作見證。

1980 ◎4月27日教會於各地舉行聯合禁食禱告會，聲援高俊明。

1980 ◎6月5日軍法宣判：以藏匿施明德，處有期徒刑七年，褫奪公權五年。

1982 ◎參與籌備在林宅血案案發地點創設「義光教會」。

◎6月任世界歸正教會聯盟（WARC）執行委員至1996年。

1983 ◎參與籌設「台北婦女展業中心」。1984至1993年任主任委員。

◎參與增額立委選舉，被國民黨作票，在第四選區高票落選。

1984 ◎8月15日高俊明出獄，計坐牢四年三個月又二十一天。

◎高俊明牧師獲加拿大Knox College榮譽神學博士學位，由高李麗珍代夫出席授與典禮，見一五〇頁照片。

1985—1990 ◎擔任亞洲基督教協會（CCA）主席團之一員。

◎多次參加亞洲教會婦女協會（ACWC）研討會。

1986 ◎開始參與及關心「彩虹專案」救援被迫從娼的雛妓並擔任委員。

◎擔任世界婦女公禱會的台灣代表至1991年。

◎任義光教會長老至2002年。

1987 ◎開始參與基督教勵馨社會福利基金會之籌備並擔任董事至2006年。

◎7月15日台灣解除戒嚴，實施國安法。

1989 ◎1月28日長老教會參與發起二二八公義和平運動。

◎高俊明牧師任職台灣基督長老教會總會總幹事長達十九年後退休。同時被任命創辦松年大學，並擔任總校校長二十年之久，於2009年卸任，成為「榮譽總校長」。

1990 ◎開始參與籌備「終止童妓協會」並任主任委員，此協會原名為「終止亞洲雛妓運動台灣委員會」（End Child Prostitution in Asian Tourism Taiwan Committee），現在中文名稱改為「台灣展翅協會」，擔任榮譽理事長。

◎任台北基督教社會互談會理事。

◎任世界婦女公禱日執行委員會亞洲副代表至 1995 年。

1991 ◎二二八關懷聯合會成立，擔任副理事長。理事長是林宗義博士。

◎任國際特赦組織台灣分會台北第一組召集人。

1992 ◎擔任長老教會總會宣教師人事委員會委員，語言小組、婦女事工委員會國際小組組員。

1992 ◎4月長老教會參與總統直選大遊行。

1999 ◎9月21日九二一地震，長老教會展開救災行動。十月，擬定四年重建計畫。

2000 ◎3月18日陳水扁、呂秀蓮當選正副總統，台灣第一次政權和平轉移。

2000 ◎3月23日任玉蘭莊理事長至 2006 年 3 月。

2000—2008 ◎5月受陳水扁總統聘為無任所大使。

◎高俊明受陳水扁總統聘為國策顧問。

2002—2005 ◎任二二八基金會董事一任。

◎任真愛家庭協會理事、副理事長。

2019 ◎2月14日高俊明牧師蒙主恩召，享年九十歲。

高李麗珍家系圖

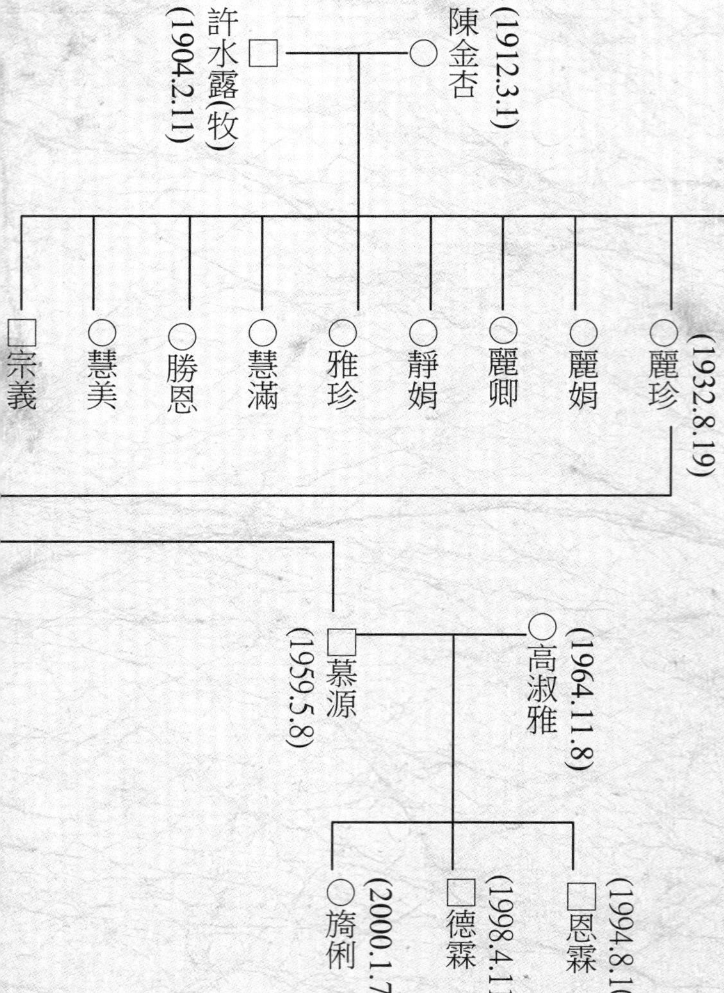
陳金杏 (1912.3.1)
許水露(牧) (1904.2.11)
麗花
宗哲
麗珍 (1932.8.19)
麗娟
麗卿
靜娟
雅珍
慧滿
勝恩
慧美
宗義
高淑雅 (1964.11.8)
慕源 (1959.5.8)
恩霖 (1994.8.10)
德霖 (1998.4.11)
旖俐 (2000.1.7)

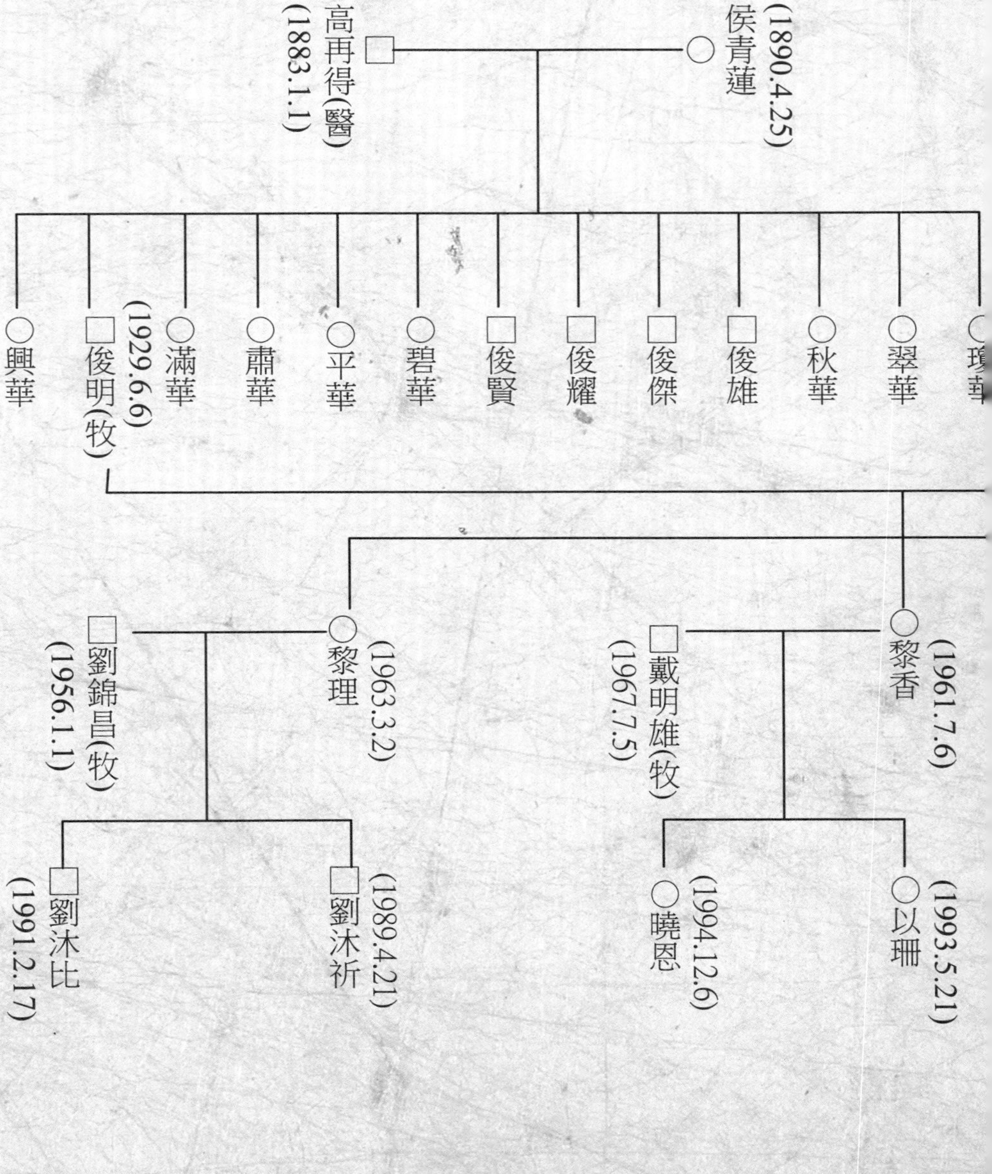
侯青蓮
(1890.4.25)
高再得(醫)
(1883.1.1)
興華
俊明(牧)
(1929.6.6)
滿華
肅華
平華
碧華
俊賢
俊耀
俊傑
俊雄
秋華
翠華
瓊華
黎香
(1961.7.6)
戴明雄(牧)
(1967.7.5)
以珊
(1993.5.21)
曉恩
(1994.12.6)
黎理
(1963.3.2)
劉錦昌(牧)
(1956.1.1)
劉沐祈
(1989.4.21)
劉沐比
(1991.2.17)

歷史照片回顧

1969 年於玉神合影

2004 年國際和平愛修會，高牧師日語講道，
高牧師娘翻譯成台語

夫婦共同主持「美滿婚姻表揚」

超越時空的姐妹情誼

上方黑白照：（由左至右）麗珍、麗卿、靜娟、雅珍、慧滿、勝恩、慧美，
少麗娟（嫁到日本）
下方彩色照：（由左至右）麗珍、麗卿、麗娟、慧美、雅珍、慧滿、勝恩、靜娟

八個姐妹家庭，每兩年聚會一次。這是 1997 年在美國加州

在加拿大多倫多訪問圖圖大主教

高牧師出獄後訪問美西教會兄姐及親友的歡迎會

二二八事件五十週年紀念活動

代表「終止童妓協會」拜訪陳水扁前總統

參加總會婦女事工
八十週年慶典

每週在台北東門教會舉行的
日語禮拜，廿九週年紀念合影

2006 年 4 月高牧師夫婦應日本大阪台灣教會的邀請在其教會牧會
一個月時，參加主日禮拜後與信徒合影

〖晚年照片集錦〗

和牧師一起在台東的生活

1 3
2 4
5

1. 到海邊踩沙灘
2. 牧師生日，牧師娘作祝福禱告
3. 參加松元節子宣教師追思感恩禮拜，牧師娘翻譯
4. 參加松元節子宣教師追思感恩禮拜，牧師致慰詞
5. 參加松元節子宣教師追思感恩禮拜，與玉神校友合影

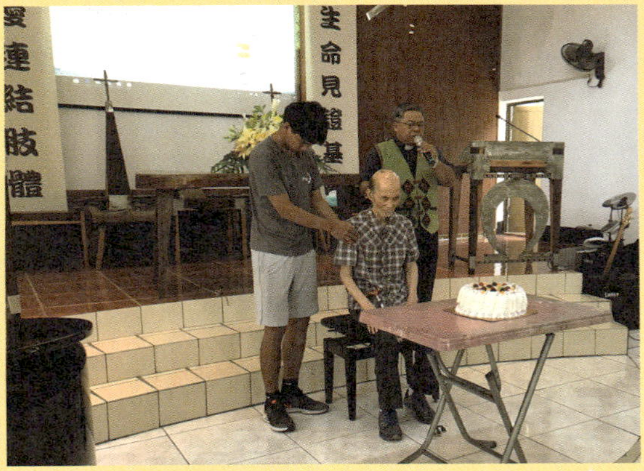

5. 參加台東慢食節品嚐各種美食
6. 教會慶生會中，牧師接受祝福禱告
7. 參與教會家庭禮拜
8. 與城中教會青年一起參加拉勞蘭部落小米收穫祭
9. 牧師在文健站運動

牧師的告別禮拜

參與新香蘭文健站的活動

1. 參加健康操比賽（中坐輪椅者為牧師娘）
2-3. 完成的各樣作品
4. 在文健站刺繡
5. 和文健站老師、同學東海岸出遊（最右坐輪椅者為牧師娘）

聚會與服事

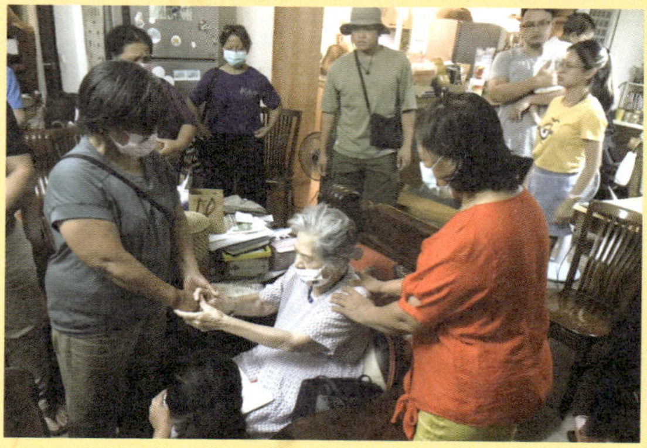

1. 女宣主日講道
2. 在教會分享見證
3. 參與部落生活
4. 家族聚餐時分享見證（左坐輪椅者為牧師娘）
5. 家庭禮拜時，長老為牧師娘禱告

弟兄姐妹與親友來訪

1	4
2	5
3	6

1. 義光教會來訪
2. 林子內教會來訪
3. 台南東門教會羅牧師來訪
4. 2018年總會議長等同工來訪

5-6. 親友來訪

享受天倫之樂

1-3. 與曾孫互動
4-5. 家人相聚

6	9
7	10
8	

6. 全家與教會一起到台南奇美博物館野外禮拜

7-10. 家人為牧師娘慶生

主流人物系列 11

高李麗珍女士口述：見證時代的恩典

口　　述：高李麗珍
採訪撰述：謝大立
整理記錄：潘妙萍
社　　長：鄭超睿
編　　輯：洪懿諄
封面設計：張凌綺
印　　刷：新豪化彩色印刷股份有限公司

出版發行：主流出版有限公司
Lordway Publishing Co. Ltd.
出 版 部：台北市南京東路五段 389 巷 5 弄 5 號 1 樓
電話：(02)2766-5440
傳真：(02)2761-3113
電子信箱：lord.way@msa.hinet.net
劃撥帳號：50027271
網址：http://lordway.com.tw

經銷：
紅螞蟻圖書有限公司
台北市內湖區舊宗路二段 121 巷 19 號
電話：(02)2795-3656
傳真：(02)2795-4100
華宣出版有限公司
新北市中和區連城路 236 號 3 樓
電話：(02)8228-1318
傳真：(02)2221-9445

2024 年 8 月 初版 1 刷
書號：L2411
ISBN：978-626-98678-2-0
Printed In Taiwan

國家圖書館出版品預行編目資料

高李麗珍女士口述：見證時代的恩典 /
高李麗珍口述；謝大立訪談撰述 . -- 初版 .
-- 臺北市：主流出版有限公司 , 2024.08
面；　公分 . --（主流人物系列；11）
ISBN 978-626-98678-2-0（平裝）

1. 高李麗珍 2. 訪談 3. 口述歷史 4. 基督教傳記

249.933　　113010151